2마당 열방을 향한 꿈

A Dream for All Nations

소그룹 성경통독 _ 2마당 열방을 향한 꿈

초판 1쇄 발행 2006년 9월 30일
6쇄 발행 2014년 8월 19일

지은이 · 조병호
펴낸곳 · 도서출판 **통독원**
주 소 · 서울시 서초구 반포대로 7길 17 (석영빌딩 B1, 서초동)
전 화 · 02)525-7794
팩 스 · 02)587-7794
홈페이지 · www.tongdok.net
등 록 · 제22-2766호(2005.6.27)

ISBN 978-89-92247-01-6 04230
ISBN 978-89-92247-00-9 (전 20권)

소그룹 성경통독 2마당

열방을 향한 꿈

조병호

통독원

《소그룹 성경통독》을 펴내며

《소그룹 성경통독》 시리즈는 성경과 더욱 가까워지길 원하는 사람들을 위한 책입니다. 이 시리즈는 성경 66권 전체를 다루고 있으며, 시간 흐름에 따라 성경을 역사적 순서대로 재배열하여 체계적인 성경공부가 가능하도록 구성되어 있습니다.

이 책을 통해 세계를 경영하시는 하나님의 놀라운 섭리를 깨닫게 될 것이며, 그분의 말씀에 순종함으로써 삶의 현장 속에서 훌륭하게 쓰임 받았던 하나님의 사람들을 전인격적으로 만나게 될 것입니다.

여러분과 소그룹 구성원들이 이 책을 통해 성경을 통독하는 놀라운 기쁨을 새롭게 체험하길 바랍니다. 각 개인에게는 신앙의 견고성이 더해지고, 성도 간에는 깊은 교제가 이루어질 수 있도록, 본서는 구체적이고 실질적인 도움을 제공할 것입니다. 말씀을 사모하는 여러분에게 하나님께서 충만한 은혜와 지혜를 부어주시기를 바랍니다.

목 차

이 책의 구성

《소그룹 성경통독》 시리즈의 전체 구성은 다음과 같습니다.
- 20개의 〈마당〉 : 성경 전체를 역사 순서대로 재배열하여 20개 마당으로 묶음.
- 66개의 〈숲이야기〉 : 한 마당은 2~4개의 〈숲이야기〉로 구성됨.
- 240개의 〈나무〉 : 소그룹 성경통독을 할 때, 1회의 분량으로 적절한 단위.

1. 소그룹 성경통독의 진행 순서

찬양과 기도 그날 통독본문의 주제와 어울리는 찬양을 함께 부른 후, 성경을 통독하는 가운데 하나님의 마음과 뜻을 깨달아 알 수 있는 지혜를 달라고 기도드립니다.

마음열기 〈나무〉의 내용 중에서 생각해 보아야 할 중요 주제에 대해, 먼저 일상적인 삶 속에서 꺼내어 볼 수 있는 이야기로 생각과 마음을 편하게 나눕니다.

함께읽기 전체 통독본문은 각자가 미리 읽어오는 것이 좋습니다. 그리고 소그룹 모임에서는 '함께 읽으면 좋은 성경 한 장'을 다같이 통독합니다. 합독이나 교독 등, 모든 참석자가 소리를 내어 함께 읽는 것이 좋습니다.

친해지기 그날 모여서 함께 읽은 성경 내용 중에서 쉽게 답을 찾아보고 상상해볼 수 있는 질문입니다. 성경과 친해지는 계기로 삼아보십시오.

말씀의 숲길로 부분이 아닌 전체로, 통전적 관점에서 성경을 보는 안목을 제시합니다. 글의 문맥을 따라가며, 하나님께서 역사하신 '그때 거기서'의 현장 속으로 들어가보십시오.

성경의 빈칸 채워 넣기 각 〈나무〉의 내용 중에서 중요 성경구절을 선별하여, 그 중 2-3개의 단어나 어절에 빈칸을 만들어 두었습니다. 전체 흐름상 그 빈칸에 들어갈 적절한 말이 무엇일지 스스로 생각해 답을 적어 본 후, 정답을 확인해 보십시오. 소그룹 모임의 경우, 각자의 답과 왜 그렇게 생각했는지를 이야기하고, 함께 답을 찾아 읽어보는 것도 좋습니다.

보석찾기 본문 내용 전체를 살핀 뒤, 해당 〈나무〉에서 중요하게 다룬 성경의 내용을 확인해 둡니다.

마음나누기 해당 〈나무〉의 내용을 기초로 말씀을 삶 속에 적용해 보고, 실천의 방향을 함께 나누는 것입니다. 혼자의 경우는 생각해 적어보고, 소그룹 모임의 경우, 각자 적은 내용을 서로 나누도록 합니다.

기도 그날의 성경통독 모임을 통해 깨닫고 느낀 하나님의 마음, 그리고 그 말씀의 기반 위에서 함께 실천하기로 다짐해야 할 사항들을 생각하며 간절히 기도합니다.

2. 일곱 가지 팁

이 책에 실린 팁들은 일곱 가지 종류로 분류되어 있으며, 본문을 읽어가는 중에 참고하시면 성경에 대한 지식과 깊이 있는 이해를 더하는 데에 도움이 됩니다.

하나님의 계획	인간의 짧은 생각으로는 이해할 수 없는 하나님의 깊은 마음과 큰 계획을 소개합니다.
하나님의 사람들	영성과 사회성을 갖춘 하나님의 사람들과 그들이 만들어가는 믿음의 역사를 조명합니다.
리더십	하나님의 사람들이 보여주는 삶의 모범과 리더십의 면모들을 살펴봅니다.
메시지	성경의 사건과 인물들의 삶의 내용을 통해 말씀이 우리의 구체적 삶에 던지는 감동과 깨달음을 새겨봅니다.
지혜창고	성경은 한없는 지식과 지혜의 창고입니다. 성경을 통독해 갈 때에 도움이 될 만한 사항들과 지혜의 실마리들을 정리하여 실었습니다.
알아두기	성경을 통독해 갈 때에 알아두면 좋은 지식이나 정보 등을 담았습니다.
αΩ 원어해설	성경을 이해하는 데 핵심이 되는 단어들의 히브리어와 헬라어 원어의 뜻을 살펴봄으로써 더 깊은 성경 이해로 나아가도록 돕습니다.

●●○○○

2마당 둘러보기

창세기에서는 아브라함, 이삭, 야곱, 요셉 등 특정한 개인에 대한 부르심을 통해 하나님의 계획이 이루어져 갔다면, 출애굽기에서는 개인을 넘어선 공동체, 즉 이스라엘 민족에 대한 부르심을 통해 열방을 향하신 하나님의 꿈이 실제화 되기 시작합니다. 출애굽기에는 하나님께서 그분의 통치를 이 땅에 드러낼 목적으로 이스라엘 민족을 출애굽 시키시고, 그들을 새로운 시민으로 교육해 가시는 내용이 담겨 있습니다. 이스라엘 민족은 레위기 안에 들어있는 핵심 내용인 '하나님 사랑과 이웃 사랑'의 정신으로 당대와 후대의 삶을 이어갈 것을 요청받습니다.

○○○●●

숲이야기 1

설득과 기적

출애굽기 1-18장

나무 20

고통을 넘어 새로운 시작을

출 1-2장

찬양 **찬송가** – 94장 · 예수님은 누구신가
찬 양 – 너는 내 아들이라

기도 이 시간, 말씀을 통독하는 가운데 하나님의 마음과 뜻을 깨달아 알 수 있도록 지혜를 주옵소서.

마음열기 당신이 고통의 한가운데서 캄캄한 밤을 보내고 있을 때, 상상하지 못했던 방법으로 새로운 시작을 열어주셨던 하나님의 손길을 체험한 적이 있습니까?

함께읽기 함께 출애굽기 1장을 읽어봅시다.

친해지기 이스라엘 백성들이 당하고 있는 고통은 무엇이며, 그들이 간절히 소원하는 '새로운 시작'은 무엇이었을까요?

우리는 출애굽기 1장 7절 말씀을 통하여 일찍이 창세기 12장과 15장에서 하나님께서 아브라함에게 주셨던 자손에 대한 약속, 즉 "네 자손이 하늘의 뭇별과 바닷가의 무수한 모래처럼 많아질 것"이라는 말씀이 실제로 성취된 것을 보게 됩니다.

"이스라엘 자손은 생육하고 불어나 번성하고 매우 강하여 온 땅에 가득하게 되었더라"출 1:7

4백여 년 전, 야곱과 그의 가족이 하나님의 허락을 받고 애굽 땅으로 내려간 이후, 이스라엘 자손은 '생육' 하고 '번성' 하였으며 '온 땅에 가득' 하게 되었습니다. 그러나 이삭이 농사지어 백 배의 수확물을 거두자, 그것이 주변 사람들의 시기를 불러일으키는 이유가 되었듯이,창 26장 아브라함 후손이 받은 놀라운 번성의 복은 도리어 그들에게 위기가 됩니다.

요셉을 모르는 새 왕이 이스라엘 백성의 이 같은 번성을 두려워하기 시작한 것입니다.

"요셉을 알지 못하는 새 왕이 일어나 애굽을 다스리더니 그가 그 백성에게 이르되 이 백성 이스라엘 자손이 우리보다 많고 강하도다 자, 우리가 그들에게 대하여 지혜롭게 하자 두렵건대 그들이 더 많게 되면 전쟁이 일어날 때에 우리 대

하나님의 **계획**

언약과 성취 / 하나님께서 아브라함에게 하신 약속 중 자손에 대한 약속은 출애굽기 1장에서 5백여 년 만에 성취되고, 땅에 대한 약속은 여호수아 10장 이후에서 실현되는 것을 알 수 있다. 이처럼 하나님의 약속과 계획은 길고 원대하다.

적과 합하여 우리와 싸우고 이 땅에서 나갈까 하노라 하고 감독들을 그들 위에 세우고 그들에게 무거운 짐을 지워 괴롭게 하여 그들에게 바로를 위하여 국고성 비돔과 라암셋을 건축하게 하니라" 출 1:8-11

이스라엘 자손이 번성하는 것을 두려워했던 애굽 사람들은 이스라엘 백성의 인권을 유린합니다. 이스라엘 백성들로부터 거주 이전의 자유와 직업 선택의 자유를 박탈하고 이스라엘 백성들을 노예화합니다. 비돔과 라암셋이라는 도시 건설에 필요한 노동력을 이스라엘 자손으로부터 착취하는 것이지요.

이 같은 애굽의 히브리 민족 탄압정책은 어느덧 극에 달해 급기야는 히브리 여인이 아이를 낳았을 때, 남자일 경우 산파들로 하여금 죽이게 하는, 참으로 기가 막힌 상황에 이르게 됩니다. 아브라함의 후손이 "하늘의 뭇별처럼 바닷가의 모래알처럼 네 자손이 많게 하리라"라는 하나님의 약속은 저만큼 멀어지는 것처럼 보입니다.

그러나 하나님께서는 이들의 고통을 돌아보십니다. 아브라함에서 시작되어 이삭, 야곱, 그의 열두 아들, 그리고 70여 명의 가족을 거쳐 민족을 이룬 이스라엘이 말살될 위기에 놓이자 그들의 고통을 굽어보시고 출애굽을 준비하십니다.

이즈음에 기구한 출생과 성장을 거쳐 한 사람이 준비되고

하나님의 사람들

히브리 산파들 – 순종 / 지혜로운 자는 하나님을 두려워하지, 왕을 두려워하지 않는다. 히브리 산파들은 공권력이나 기득권 앞에서 쉽사리 하나님과의 우선순위를 교체하지 않는다. 성경은 "여호와를 경외하는 것이 지혜의 근본"(잠 9:10)이라고 말한다. 하나님을 의식하고 하나님을 두려워하는 지혜의 힘이 인간의 잔꾀에서 나온 어리석은 지혜를 이긴다.

있습니다. 태어나면서부터 죽을 운명에 처했던 출생 과정, 히브리인이면서도 애굽 궁정에서 학문과 교양을 닦은 성장 과정, 외롭고 고된 미디안 광야 생활을 하며 하나님의 때를 40여 년간 기다려야 했던 훈련 과정을 통과하는 모세가 바로 그 사람입니다. 하나님께서는 그를 통해 출애굽이라는 놀라운 사건을 준비하십니다.

"바로의 딸이 목욕하러 나일 강으로 내려오고 시녀들은 나일 강 가를 거닐 때에 그가 갈대 사이의 상자를 보고 시녀를 보내어 가져다가 열고 그 아기를 보니 아기가 우는지라 그가 그를 불쌍히 여겨 이르되 이는 히브리 사람의 아기로다"

출 2:5-6

애굽 공주의 눈에도 불쌍히 보였던 아기. 이것이 생후 3개월 된 모세의 현주소였습니다. 하지만 하나님께서는 이 불쌍한 아기를 향하여 만만찮은 계획을 가지고 계셨습니다. 우선 당대 최고의 엘리트 교육 과정을 준비해 놓으셨습니다. 모세는 당시 애굽 공주의 양자 신분으로, 최고의 정치가가 될 수 있는 족집게 과외를 받았을 것입니다. "모세가 애굽 사람의 모든 지혜를 배워 그의 말과 하는 일들이 능하더라"라고 사도행전도 기록하고 있습니다.행 7:22

40년 동안 애굽 궁정의 물을 먹었으면 애굽 사람이 다 되었을 만도 한데, 모세는 여전히 이스라엘 백성들에 대한 뜨거운 가슴을 가지고 있었습니다. 아마 이것은 이스라엘 민족

하나님의 사람들

모세 / 모세는 생후 3개월 만에 바로의 딸 하셉수트의 양자가 되지만, 친어머니 요게벳이 유모가 되어 젖을 먹여 키웠다. 모세는 바로의 궁진에서 애굽 최고의 족집게 과외를 받았을 것이다. 권력, 지식, 재물을 다루는 탁월한 방법을 전수 받았을 것이다. 그러나 애굽에서 그가 누렸던 모든 것들이 그가 애굽을 나온 40세 이후에는 아무 것도 아니었다. 40세 이후에 그를 지탱해주었던 것은 바로 어머니 요게벳으로부터 받은 신앙교육이었다. 시내 산 떨기나무 아래에서 "아브라함과 이삭과 야곱의 하나님"이라고 자신을 소개하시는 하나님을 만났을 때 최소한 '아브라함과 이삭과 야곱'이 누구인지를 알아들을 수 있는 코드는 애굽 공주가 아닌, 요게벳이 가르친 것이었다.

의 시대적 아픔을 끌어안고 살아간 친어머니 요게벳의 극진한 교육으로 설명될 수 있을 것입니다.

애굽의 최고 학문을 습득하고 또한 이스라엘 자손으로서의 정신과 신앙을 구비하여 양(兩) 날개를 단 모세. 이 정도면 준비가 다 되었다 싶습니다. 그런데 하나님께서는 모세에게 한 가지 덕목을 더 요구하십니다. 그리고 그 덕목을 갖추는 데에는 모세가 지금까지 살아온 만큼의 세월, 다시 말해 40여 년의 시간이 더 걸립니다.

> "모세가 장성한 후에 한번은 자기 형제들에게 나가서 그들이 고되게 노동하는 것을 보더니 어떤 애굽 사람이 한 히브리 사람 곧 자기 형제를 치는 것을 본지라 좌우를 살펴 사람이 없음을 보고 그 애굽 사람을 쳐 죽여 모래 속에 감추니라 이튿날 다시 나가니 두 (   ) 사람이 서로 싸우는지라 그 잘못한 사람에게 이르되 네가 어찌하여 (   )를 치느냐 하매 그가 이르되 누가 너를 우리를 다스리는 자와 (   )으로 삼았느냐 네가 애굽 사람을 죽인 것처럼 나도 죽이려느냐 모세가 두려워하여 이르되 일이 탄로되었도다" 출 2:11-14

지혜창고

애굽일보 / "주목받던 히브리 출신 정치 신인 모세, 애굽인 살해 및 사체유기 혐의 입고 야반도주! 그의 정치적 생명은 이제 끝난 듯. 믿을만한 소식통에 의하면 미디안 광야로 몸을 피했다고……." 그날 애굽일보 제1면 톱기사로 이 같은 모세의 이야기가 대서특필(大書特筆) 되었을 것이다. 모세에게는 그야말로 바닥을 알 수 없는 추락, 그 자체였다. 과연 하나님께서 광야 생활을 통해 모세에게 가르치고 싶으셨던 과목은 무엇이었을까?

이 일을 알게 된 바로가 모세를 찾아 죽이려고 합니다. 모세는 바로의 낯을 피하여 애굽의 화려한 궁정 생활을 등지고 지팡이 하나 겨우 챙긴 채 모래바람 사나운 광야로 황급히 도망합니다.

보석찾기 ○ ● ●

창세기 15장 5절과 출애굽기 1장 7절을 찾아 적고, 신실하신 하나님의 약속은 반드시 실현된다는 것을 확인하여 봅시다.

마음나누기 ○ ● ●

모세 스스로는 미처 깨닫지 못했지만, 하나님께서는 출애굽을 이끌 지도자로 그를 준비시키고자 여러 가지 훈련과정을 거치게 하셨습니다. 지난 세월의 어떤 기간이 당신을 쓰시기 위한 하나님의 훈련과정이었음을 깨달았던 적이 있습니까?

기도 ○ ● ●

이스라엘 백성들의 고통과 절망을 바라보시며 새로운 시작을 꿈꾸셨던 하나님의 마음을 헤아려봅니다. 고난의 세월 속에서도 더욱 하나님의 뜻을 찾아가는 삶을 살게 하옵소서.

나무 21

부르심과 설득

출 3-4장

찬양 **찬송가** – 355장 · 부름받아 나선 이 몸
찬　양 – 내 마음에 주를 향한 사랑이

기도 이 시간, 말씀을 통독하는 가운데 하나님의 마음과 뜻을 깨달아 알 수 있도록 지혜를 주옵소서.

마음열기 당신은 누군가를 진심으로 간절하게 설득해 본 경험이 있습니까? 그때 당신의 마음은 어떠했습니까?

함께읽기 함께 출애굽기 4장을 읽어봅시다.

친해지기 출애굽을 이끄는 중요한 일을 앞두고, 모세가 생각한 "보낼만한 자"(13절)는 어떤 사람이었을까요? 한편, 하나님께서 생각하시는 "보낼만한 자"는 어떤 사람이었습니까?

말씀의 숲길로

한 나라의 왕이 될 신분에서 일개 목동으로 전락한 모세. 그렇게 지내기를 하루 이틀도 아니고 무려 40여 년. 그러나 이 시기는 하나님께서 출애굽을 이끌 지도자로 모세를 준비시키시는 중요한 기간이었습니다.

모세는 광야 생활 40년간 양 꽁무니를 열심히 쫓아다니며, 목자가 양을 어떻게 먹이며 이끌어야 하는지를 배웁니다. 애굽 궁정에서 인간이 인간을 통치하는 법을 배웠다면, 광야에서는 자기 자신을 다스리는 법을 배워야 했습니다. 그리고 양을 돌보며 온유와 겸손을 배우게 됩니다. 하나님께서는 40년 동안 모세에게 겸손을 가르치신 것입니다. 그래서 동족을 구하기 위해 살인도 마다하지 않던 혈기왕성한 모세를 "이 사람 모세는 온유함이 지면의 모든 사람보다 더하더라"라고 평가받는 사람으로 준비시키십니다.민 12:3

광야 생활이 갖는 또 하나의 중요한 의미는 곧 모세가 약 40년간 이스라엘 백성을 이끌 사역지인 시나이 반도를 사전 답사하는 시간이었다는 것입니다. 현장실습을 제대로 한 것이지요. 하지만 실제로 광야 생활을 하는 모세에겐 그 40년이 더할 나위 없이 길고 힘든 시간이었을 것입니다. 모세는 자신을 향한 하나님의 계획에 대해 어떠한 언질도 받지 않은 채 그 40년을 견뎌야했기 때문입니다.

어느덧 시간이 흘러 베테랑 목자가 되고도 남음직한 시간이 흘렀습니다. 여느 때처럼 늘 다니는 호렙 산에 이르러 양 떼를 돌보고 있던 모세에게 깜짝 놀랄 일이 일어납니다. 하나님께서 그를 찾아오신 것입니다.

"여호와께서 그가 보려고 돌이켜 오는 것을 보신지라 하나님이 떨기나무 가운데서 그를 불러 이르시되 모세야 모세야 하시매 그가 이르되 내가 여기 있나이다 하나님이 이르시되 이리로 가까이 오지 말라 네가 선 곳은 거룩한 땅이니 네 발에서 신을 벗으라 또 이르시되 나는 네 조상의 하나님이니 아브라함의 하나님, 이삭의 하나님, 야곱의 하나님이니라 모세가 하나님 뵈옵기를 두려워하여 얼굴을 가리매" 출 3:4-6

하나님께서는 모세에게 출애굽의 청사진을 밝히시며 앞으로 있을 이스라엘 역사의 큰 골격을 말씀하십니다. 그리고 이 일을 모세에게 맡기겠다고 말씀하십니다.

"여호와께서 이르시되 내가 애굽에 있는 내 백성의 고통을 분명히 보고 그들이 그들의 감독자로 말미암아 부르짖음을 듣고 그 근심을 알고 내가 내려가서 그들을 애굽인의 손에서 건져내고 그들을 그 땅에서 인도하여 아름답고 광대한 땅, 젖과 꿀이 흐르는 땅 곧 가나안 족속, 헷 족속, 아모리 족속, 브리스 족속, 히위 족속, 여부스 족속의 지방에 데려가려 하노라 이제 가라 이스라엘 자손의 부르짖음이 내게 달하고 애굽 사람이 그들을 괴롭히는 학대도 내가 보았으니 이제 내가 너를 바로에게 보내어 너에게 내 백성 이스라엘 자손을 애굽에서 인도하여 내게 하리라"출 3:7-10

사실, 이제껏 하나님께서는 종의 자리로 낮아져 엎드릴 수 있는 사람을 기다리셨습니다. 모세가 광야 생활 40년을 정리하는 시점에 대해 사도행전은 "사십 년이 차매"라고 표현하고 있습니다.행 7:30 40년이 '찼다'는 것은 어찌어찌하다 보니 40년이 훌쩍 흘러가 버렸음을 의미하는 것이 아니라 모세가 엎드려 조아리는 겸손한 자가 되기를 기대하셨던 하나님의 계획된 기간이 경과하였음을 의미합니다. 만일 모세가 엎드리는 훈련이 안 된 사람이었다면, 존귀하시고 엄위하신 하나님 앞에서 그 당시 패역한 이스라엘 백성들은 살아남지 못했을 것이며, 또한 노예근성을 버리지 못하고 불평불만으로 가득했던 이스라엘 백성들이 모세를 살려 두지도 않았을 것입니다.민 14:1-5

이제 하나님께서 광야 생활 40년을 통해 결이 다 썩은 모세를 설득하십니다. 이에 대해 모세는 처음엔 소극적인 반응을 보입니다. 하나님은 다시 기적을 보이시며 말씀하시고 노를 발하기까지 하시며 끝내 설득하십니다.

> "모세가 여호와께 아뢰되 오 주여 나는 본래 (　　)을 잘 하지 못하는 자니이다 주께서 주의 종에게 명령하신 후에도 역시 그러하니 나는 입이 (　　　　)하고 혀가 둔한 자니이다 여호와께서 그에게 이르시되 누가 사람의 입을 지었느냐

메시지

설득하시는 하나님 / 하나님께서 모세를 설득하려 노력하시고, 땀 흘리고 계신다. '하나님의 설득'이라는 측면을 빼놓고는 출애굽기 4장을 제대로 볼 수 없다. 우리는 하나님께서 일하시는 방식을 눈여겨보고 배워야겠다. 한 사람에게 직접 다가가서 간절하게 설득을 해나가는 방식, 명령 한 마디로 일을 시키기보다는 인격적으로 대하며 자발적인 동의와 순종을 얻어내려 노력하는 방식 말이다.

누가 말 못 하는 자나 못 듣는 자나 눈 밝은 자나 맹인이 되게 하였느냐 나 여호와가 아니냐 이제 가라 내가 네 입과 (　　　　　) 있어서 할 말을 가르치리라" 출 4:10-12

하나님께서는 "오 주여, 보낼만한 자를 보내소서"라는 모세의 말에 노를 발하기까지 하시며 "내가 네 입과 그(아론)의 입에 함께 있어 너희들이 행할 일을 가르치리라"라고 말씀하십니다. 출 4:13-15

하나님께서 끝까지 모세를 설득하시는 것입니다. 언사가 능했던 모세가 자신의 입이 뻣뻣하다고 할 때까지, 다시 말해 혼자의 힘으로 동족을 구해 보겠노라고 했던 의기양양함이 모두 사라지고 결이 다 썩어 버릴 때까지 기다리셨다가 이제 온전히 하나님으로부터만 힘을 얻고, 하나님만을 의지하여 다시 일어서게 하시는 것입니다. 그리고 이스라엘 백성을 출애굽시키겠다는 계획을 이루기 위해, 이처럼 모세를 향해 땀 흘리시는 것입니다.

여기서 설득되어 마음을 굳힌 모세는 평생 동안 다른 사람들, 즉 장인, 부인, 아론, 장로들, 이스라엘 백성들 그리고 바로까지 설득해야 했습니다. 모세의 사역은 평생 다른 사람을 설득하고 교육하는 일이었습니다.

보석찾기 ○ ● ●

하나님께서 모세를 설득하시기 위하여 정성을 쏟는 과정들을 출애굽기 3장부터 4장 17절까지의 내용을 참고하여 단계별로 정리해 봅시다.

마음나누기 ○ ● ●

하나님께서 사람을 부르셔서 당신의 일을 맡기고자 하실 때, 사람들은 보통 무엇을 핑계로 주저하며 거절합니까? 당신의 경우는 어떻습니까?

기도 ○ ● ●

아름다운 일을 행하시기 위해 오늘도 우리를 설득하시고 동역하기를 꿈꾸시는 하나님, 그 복된 설득에 기꺼이 설득되어 주님 일에 쓰임 받게 하시고, 또한 세상의 많은 사람들에게 하나님의 마음을 전하고 설득하는 데 앞장서게 하소서.

나무 22

모세의 협상

출 5-10장

찬양

찬송가 – 265장 · 옳은 길 따르라 의의 길을
찬 양 – 너는 크게 자유를 외치라

기도

이 시간, 말씀을 통독하는 가운데 하나님의 마음과 뜻을 깨달아 알 수 있도록 지혜를 주옵소서.

마음열기

당신은 협상을 잘 하는 스타일입니까? 협상을 성공적으로 잘 하기 위해서는 어떤 능력을 갖추고 있어야 한다고 생각합니까?

함께읽기

함께 출애굽기 10장을 읽어봅시다.

친해지기

협상 거부, 그리고 그에 따른 재앙이 이어져 갈수록 바로의 반응은 조금씩 달라집니다. 그럼에도 불구하고 바로가 끝내 이스라엘 백성을 놓아주지 않으려 한 이유는 무엇일까요?

말씀의 숲길로 ○◎●

40년 만에 지팡이 하나 들고 애굽의 정치무대에 재등장한 모세의 겉모습은 정말 초라하기 이를 데 없었습니다. 아마도 당시 '애굽일보'에서는 모세의 이런 모습을 사회면에 작게 다루었을 것입니다.

이제 모세가 바로에게 나아가 "이스라엘의 하나님 여호와께서 이렇게 말씀하시기를 내 백성을 보내라 그러면 그들이 광야에서 내 앞에 절기를 지킬 것이니라 하셨나이다"출 5:1라고 말하며 이스라엘 백성을 광야로 내보내 줄 것을 요구하기 시작합니다. 그러자 바로는 이스라엘 백성들을 더 억압합니다. 혁명 반란의 주도세력인 모세와 이스라엘 백성 사이를 이간질하는 궤계를 쓰는 것입니다.

"바로가 그 날에 백성의 감독들과 기록원들에게 명령하여 이르되 너희는 백성에게 다시는 벽돌에 쓸 짚을 전과 같이 주지 말고 그들이 가서 스스로 짚을 줍게 하라 또 그들이 전에 만든 벽돌 수효대로 그들에게 만들게 하고 감하지 말라 그들이 게으르므로 소리 질러 이르기를 우리가 가서 우리 하나님께 제사를 드리자 하나니 그 사람들의 노동을 무겁게 함으로 수고롭게 하여 그들로 거짓말을 듣지 않게 하라"출 5:6-9

바로의 이러한 술수에 놀아난 이스라엘 사람들이 모세를 원망합니다. 바로와 이스라엘 백성 둘 다로부터 거절당한 모

하나님의 계획

출애굽의 진정한 이유 / "그들이 나를 섬길 것이니라"(출 8:1). 출애굽의 진정한 이유는 이스라엘을 '신앙공동체'로 부르시기 위한 것이었다. 나아가 이것은 이스라엘의 사명이기도 하다. 이 안에 거룩한 백성, 즉 선민(選民), 제사장적 백성 등의 주제가 함축되어 있다.

세가 "주여, 어찌하여 이 백성이 학대를 당하게 하셨나이까? 어찌하여 나를 보내셨나이까?"출 5:22 라고 하소연하는 상황에서 하나님께서는 중대한 발언, 즉 "너희를 내 백성으로 삼고 나는 너희의 하나님이 되리니 나는 애굽 사람의 무거운 짐 밑에서 너희를 빼낸 너희의 하나님 여호와인 줄 너희가 알지라"출 6:7라는 말씀을 하십니다. 이후로 이 말씀은 이스라엘 역사에서 움직일 수 없는 기초가 됩니다.

이제 하나님께서 본격적으로 '나는 여호와' 임을 알리기 시작하십니다. 모세가 바로에게 처음 갔을 때, 완악하고 강퍅한 바로의 반응은 "나는 여호와를 알지 못하니"출 5:2였습니다. 그러니 하나님께서 당신이 어떤 분인지 알리기 시작하실 수밖에요.

피 재앙, 개구리 재앙, 이 재앙, 파리 재앙, 가축의 죽음과 악성 종기 등 여러 가지 재앙이 애굽에 내려졌습니다. 하지만 완악한 바로는 이스라엘 백성 보내기를 계속 거부합니다. 바로가 이렇듯 이스라엘 백성을 쉽게 내놓지 못하는 이유는 무엇입니까? 그것은 종교적 이유 때문이 아니라, 정치 경제적 이유 때문이었습니다. 바로는 자신의 끊임없는 욕심과 집착, 즉 이스라엘 백성들을 노예로 부렸을 때 얻을 수 있는 정치 경제적 이익을 포기할 수 없었던 것입니다. 하나님께서 바로의 거절을 심각한 문제로 인식하시고 계속해서 재앙을 내리신 이유가 바로 여기에 있습니다.

바로의 완악함으로 인해 내려진 재앙 중 처음 세 가지는 애굽과 이스라엘 사람 모두에게 내려졌습니다. 이때에는 애굽 백성은 물론 이스라엘 백성들도 힘들었을 것입니다. 그런데 네 번째 재앙부터는 이스라엘과 애굽을 구별하십니다.출 8:21-24

"나는 여호와를 알지 못한다"라며 목을 꼿꼿이 했던 바로가 일곱 번째 우박 재앙이 내린 후에는 마침내 "내가 범죄하였노라 여호와는 의로우시고 나와 나의 백성은 악하도다"출 9:27 라고 고백하기에 이릅니다. 하나님이 어떤 분이신지를 바로가 알아가고 있습니다. 그럼에도 불구하고 바로는 "내 백성을 보내라"라는 하나님의 명령을 계속해서 거절합니다. 불행하게도 바로의 여전한 완악함과 불신으로 인해 재앙은 더욱 깊어져만 갑니다.

그럴수록 모세는 이스라엘과 애굽에서 큰 지도자로 인식되어 갔으며 그의 위엄과 지도력은 더욱 빛을 발하게 됩니다. "여호와께서 그 백성으로 애굽 사람의 은혜를 받게 하셨고 또 그 사람 모세는 애굽 땅에 있는 바로의 신하와 백성의 눈에 아주 위대하게 보였더라"출 11:3 하나님께서는 모세를 믿음직하게 여기셨고, 모세는 하나님의 말씀이라면 무엇이든지 듣고 순종하는 환상적인 파트너가 된 것입니다.

일곱 번째 우박 재앙 때 하나님의 말씀을 순종하는 자는 재산을 보호할 수 있었음을 경험한 애굽 사람 중에 여덟 번째 메뚜기 재앙을 피하고자 하는 사람들이 생깁니다. 애굽의

하나님의 사람들

모세 – 설득력 / 출애굽의 리더가 굳이 모세였어야 하는 이유 중 하나는 그가 바로 전직 왕자였기 때문이다. 모세가 아니었으면, 아론을 비롯한 이스라엘 백성들은 바로에게 말 한 마디 걸기조차 어려웠을 것이기 때문이다. 모세의 앞길에는 다른 사람들을 부지런히 설득하는 일이 놓여 있다. 이스라엘 백성들을 설득해야 하고 더 나아가 그 완고한 바로까지 설득해야 하는 것이다. 참고로 이탈리아 국정 역사 교과서는 지성, 설득력, 지구력, 자제력, 지속적 의지를 리너의 다섯 가지 딕목으로 꼽는다.

신하들은 바로에게 "왕은 아직도 애굽이 망한 줄을 알지 못하시나이까?"라고 호소하기까지 합니다.출 10:7 그러나 바로는 끝까지 자존심을 내세우고 고집을 피웁니다. 이로 인해 메뚜기 재앙과 흑암 재앙이 닥쳐오고, 6개월에 걸친 모세와 바로의 협상은 끝내 바로의 거절로 결렬되고 맙니다.

> "여호와께서 바로의 마음을 (　　　　)하게 하셨으므로 그들 보내기를 기뻐하지 아니하고 바로가 모세에게 이르되 너는 나를 떠나가고 스스로 삼가 다시 내 얼굴을 보지 말라 네가 내 얼굴을 보는 날에는 (　　　　　　　　) 모세가 이르되 당신이 말씀하신 대로 내가 다시는 당신의 (　　　　　)을 보지 아니하리이다"출 10:27-29

이제 남은 일은 창세기 15장 13-14절과 출애굽기 3장 21-22절에서 약속된 말씀, 즉 이스라엘 백성들이 큰 재물을 가지고 애굽에서 나오는 것을 구체적으로 실현하는 것입니다. 하나님께서는 어쩔 수 없이 열 번째 재앙이라는 극약처방을 내리시게 됩니다. 결국 바로는 재물에 대한 지나친 욕심으로 말미암아, 그 자신뿐 아니라 나라 전체를 돌이킬 수 없는 지경에까지 이끌고 말았던 것입니다. 바로와 애굽 백성이 겪은 재앙은 바로의 불순종에 따른 결과물입니다.

☑ 알아두기

애굽의 불순종과 하나님의 징계

내 용	바로의 반응	기타사항
1. 피	말을 듣지 않음	애굽 요술사들도 행함
2. 개구리	말을 듣지 않음	애굽 요술사들도 행함
3. 이	말을 듣지 않음	애굽 요술사들은 행하지 못함
4. 파리	출애굽 허락, 다시 거절	고센 지역 제외
5. 가축의 죽음	마음이 완강	이스라엘 가축 제외
6. 악성 종기	마음이 완강	
7. 우박	"여호와는 의로우시고 나와 나의 백성은 악하도다"라고 고백	고센 지역 제외
8. 메뚜기	장정만 출애굽 허락	
9. 흑암	가축을 제외한 출애굽 허락	고센 지역 제외
10. 장자의 죽음	이스라엘 전체 출애굽	애굽 전지역

보석찾기

모세와 바로 사이에 있었던 아홉 번의 협상 진행과정을 정리해 봅시다. 출 7:14–10장

마음나누기

이스라엘 백성 한 사람의 생명도 해하지 않고 그들 모두를 출애굽시켜야 하는 막중한 사명을 안고 오랜 시간 첨예한 협상을 이끌어갔던 모세를 보면서, 당신이 느끼고 배운 점은 무엇입니까?

기도

6개월간 혼신의 힘을 다해 출애굽을 위한 협상에 나섰던 모세처럼, 하나님의 일을 행할 때 열정과 최선의 노력을 다하는 사람이 되게 하옵소서. 눈앞의 욕심 때문에 하나님의 뜻을 거스르는 어리석음을 범치 말게 하시며, 오직 하나님의 말씀에 순종하는 삶을 살게 하옵소서.

나무 23

그날을 기념하라

출 11-13장

찬양

찬송가 – 199장 · 주 십자가를 지심으로
찬　양 – 유월절 어린 양의 피로

기도

이 시간, 말씀을 통독하는 가운데 하나님의 마음과 뜻을 깨달아 알 수 있도록 지혜를 주옵소서.

마음열기

당신이 지금 기념하고 있는 날들은 무엇 무엇입니까? 그날의 기념을 통해 당신의 삶에서 유익을 얻는 점은 무엇인지 이야기해 봅시다.

함께읽기

함께 출애굽기 12장을 읽어봅시다.

친해지기

유월절 밤에 이스라엘 백성들이 해야 할 일들은 구체적으로 어떤 일들입니까? 이런 지침사항들을 통해 느낄 수 있는 그 날 밤의 분위기는 어떻습니까?

말씀의 숲길로 ○●●

하나님께서 6개월 동안 모세를 통해 바로와의 협상을 시도하셨으나 모두 결렬되었습니다. 사실 그동안 모세는, 바로가 거절하면 안타까운 심정으로 돌아와서 하나님께 기도하고, 하나님의 말씀을 듣고 다시 바로에게 가서 전달하고…, 이런 과정을 아홉 번이나 반복하였습니다.

드디어 하나님께서 모세에게 말씀하십니다.

"여호와께서 모세에게 이르시기를 내가 이제 한 가지 재앙을 바로와 애굽에 내린 후에야 그가 너희를 여기서 내보내리라 그가 너희를 내보낼 때에는 여기서 반드시 다 쫓아내리니 백성에게 말하여 사람들에게 각기 이웃들에게 은금 패물을 구하게 하라 하시더니" 출 11:1-2

지금까지 협상이 이루어지지 않았던 이유가 무엇이었습니까? 노동력과 가축을 포기하지 못하는 바로의 욕심 때문이었습니다. 그런데 이제 가축은 물론, 은금 패물까지 다 가져가게 될 것임이 예고됩니다. 애굽의 은금 패물은 이스라엘 백성들의 노동을 착취한 대가로 얻은 것이었습니다. 이스라엘 백성들은 애굽에 4백여 년간 저축해 놓았던 것을 이제야 찾아가게 되었습니다. 창 15:13-14

하나님의 경륜의 때가 찼습니다. 비장한 심정으로 모세가 바로에게 마지막 재앙을 선포합니다.

"모세가 바로에게 이르되 여호와께서 이와 같이 말씀하시기를 밤중에 내가 애굽 가운데로 들어가리니 애굽 땅에 있는 모든 처음 난 것은 왕위에 앉아 있는 바로의 장자로부터 맷돌 뒤에 있는 몸종의 장자와 모든 가축의 처음 난 것까지 죽으리니 애굽 온 땅에 전무후무한 큰 부르짖음이 있으리라" 출 11:4-6

마지막 징계인 장자 죽음의 재앙, 이는 바로에게는 협상 결렬의 책임을 묻는 것이었고 이스라엘 백성에게는 최소한의 실천적 순종을 요구하는 것이었습니다. 최소한의 순종이란, 모세가 전하는 하나님의 말씀을 믿고 어린 양을 잡아 그 피를 문 인방과 좌우 설주에 뿌리는 일입니다.

"모세가 이스라엘 모든 장로를 불러서 그들에게 이르되 너희는 나가서 너희의 가족대로 어린 양을 택하여 유월절 양으로 잡고 우슬초 묶음을 가져다가 그릇에 담은 피에 적셔서 그 피를 문 인방과 좌우 설주에 뿌리고 아침까지 한 사람도 자기 집 문 밖에 나가지 말라 여호와께서 애굽 사람들에게 재앙을 내리려고 지나가실 때에 문 인방과 좌우 문설주의 피를 보시면 여호와께서 그 문을 넘으시고 멸하는 자에게 너희 집에 들어가서 너희를 치지 못하게 하실 것임이니라" 출 12:21-23

☑ 알아두기

유월절 / 유월절은 칠칠절, 초막절과 함께 유대인의 3대 절기 중 하나. 유월절은 히브리어 '페사흐', 영어 'Passover'로, '넘어간다, 지나쳐 간다'라는 뜻.
아빕월(태양력 3-4월) 10일에 흠 없고 1년 된 수컷 중 양이나 염소를 취하여 14일까지 간직하고, 14일째 되는 저녁 해질 때에 그 피를 문 설주와 문 인방에 바름. 고기는 구워서 무교병, 쓴나물과 함께 먹는데, 이때 허리에 띠를 띠고 발에 신을 신고 손에 지팡이를 잡고 급히 먹음. 먹고 남은 것은 태운다.
매년마다 1회 7일간 행하며 첫날과 마지막 날에는 예배를 드린다.

모세는 이렇듯 상세한 하나님의 계획을 모든 이스라엘 백성들에게 신속하고도 정확하게 알렸습니다. 한 가지라도 빼먹고 전해서도 안 되고 잘못 전해서도 안 되는 일이었습니다. 생명이 걸린 문제였기 때문입니다. 이스라엘 백성들이 애굽 생활 4백여 년의 고리를 끊고 애굽으로부터 나오기까지는 이러한 실천적 순종이 필요했습니다.

"내가 애굽 땅을 칠 때에 그 피가 너희가 사는 집에 있어서 너희를 위하여 표적이 될지라 내가 피를 볼 때에 너희를 넘어가리니 재앙이 너희에게 내려 멸하지 아니하리라" 출 12:13

피를 볼 때에 너희를 넘어가겠다고 하신 것은 '너희의 순종을 볼 때에 넘어가겠다'는 뜻입니다. 실천적 순종만이 죽음을 피할 수 있는 길입니다. 이것은 예수님께서 이 세상을 구원하시는 분이라는 사실을 믿는 최소한의 믿음을 통해 이 세상 모든 사람들이 구원을 얻는 원리와도 상통하는 것입니다.

그날 밤은 이스라엘 백성 진영에서는 띠를 띠고 지팡이를 잡고 음식을 먹는 긴장된 밤이었고, 다른 애굽 지역에서는 통곡 소리가 진동하는 악몽의 밤이었습니다. 바로가 급히 모세와 아론을 불러 "너희와 이스라엘 자손은 일어나 내 백성 가운데에서 떠나라"고 말합니다. 출 12:31-32 매우 혼란스러웠을 그 밤에 이스라엘 백성들은 발교되지 못한 반죽을 그릇에 담아 옷에 싸서 어깨에 메고 신속히 애굽을 빠져 나옵니다. 이스라엘 백성 전체가 머리털 하나 상하지 않고 애굽을 탈출하는 역사적인 장면입니다.

'유월절', 이날은 이스라엘 백성들이 수백 년 만에 가장 기뻐한 날이었습니다. 그날은 이스라엘 백성뿐만 아니라 애굽 백성, 나아가 하나님께도 매우 중요한 의미를 가지고 있습니다. 그날은 하나님께 불순종한 자들에게는 죽음의 날이었고, 순종한 자들에게는 구원의 날이었습니다. 이스라엘 백성들의 입장에서는 수백여 년 종살이의 사슬을 끊고 새로운 출발의 발걸음을 내딛는 날로서 오래도록 기억하고 기념해야 할 날입니다.

> "너희는 이 일을 규례로 삼아 너희와 너희 (　　　　)이 영원히 지킬 것이니 너희는 여호와께서 허락하신 대로 너희에게 주시는 (　　　)에 이를 때에 이 (　　　　)을 지킬 것이라" 출 12:24-25

하나님께서도 그날을 중요하게 여기셔서 이스라엘 역사의 원년으로 삼으십니다. 출 12:1-2

또한 하나님께서는 '출애굽의 하나님'으로 당신의 존재를 드러내시며 이스라엘을 '내 것'으로 삼으시는 기원으로서의 의미를 '그날'에 부여하십니다. 이스라엘은 '그날', 불순종한 자들이 아비규환(阿鼻叫喚) 속에서 죽은 것과 순종한 자들이 구원 얻었던 사실을 기억하고, 오고 오는 시대를 살면서 늘 그 의미를 되새겨야 했습니다. "그날을 기념하라!"

보석찾기 ○◉●

성경에는 "기념하라"라는 말씀이 몇 차례 기록되어 나옵니다. 출애굽기 12장 13-14절과 누가복음 22장 19-20절에서 기념하라고 하신 것들은 무엇인지 찾아봅시다.

마음나누기 ○◉●

당신의 삶을 되돌아 볼 때, 하나님과의 관계에 있어 획기적인 변화가 있었던 날, 그래서 오래도록 기억하며 잊지 말아야 할 날이 있다면 언제입니까?

기도 ○◉●

한없는 은혜와 자비로 이스라엘 백성들을 구원하시고, 수백년 만에 가장 기쁜 날을 허락하신 하나님, 동일한 은혜로 저희를 구원하시고 구원의 큰 감격으로 하루하루를 살게 하시니 감사합니다. 주님의 은혜를 한시도 잊지 않고 늘 기억하며 감사하는 삶을 살게 하옵소서.

나무 24

인간의 한계와 하나님의 공급

출 14-18장

찬양

찬송가 – 422장 · 나그네와 같은 내가
찬 양 – 찬양하리라 이스라엘의 하나님

기도

이 시간, 말씀을 통독하는 가운데 하나님의 마음과 뜻을 깨달아 알 수 있도록 지혜를 주옵소서.

마음열기

살면서 자신의 능력의 한계를 극명하게 느꼈던 적이 있다면 언제였습니까?

함께읽기

함께 출애굽기 16장을 읽어봅시다.

친해지기

하나님께서 이스라엘 백성들이 광야에서 먹을 양식으로 미리 준비해두신 것은 무엇이었습니까? 그 양식을 선물받기 전, 이스라엘 백성들의 태도는 어떠하였습니까?

말씀의 숲길로

마침내 하나님의 신호가 떨어지고 이스라엘 민족은 신속하게 출애굽합니다. 그런데 곧이어 대규모의 애굽 군대가 이스라엘 민족을 치기 위해 뒤쫓아 옵니다. 하나님께서는 이미 이스라엘을 하나님의 군대로 부르시고, 낮에는 구름 기둥, 밤에는 불 기둥으로 보호하시며 그들을 떠나지 않으십니다.[출 13:21-22] 그런데 막다른 홍해 앞에 이른 이스라엘 백성들은 두려워 떨며 모세를 원망하고 있습니다. 이때 하나님께서는 이스라엘을 위하여 싸우시겠다는 말씀을 모세를 통해 전하십니다.

"모세가 백성에게 이르되 너희는 두려워하지 말고 가만히 서서 여호와께서 오늘 너희를 위하여 행하시는 구원을 보라 너희가 오늘 본 애굽 사람을 영원히 다시 보지 아니하리라 여호와께서 너희를 위하여 싸우시리니 너희는 가만히 있을지니라"[출 14:13-14]

이제 이스라엘 백성들이 할 일이라고는 '가만히 서서' '보는' 것뿐이었습니다. 모세가 지팡이를 들어 손을 바다 위로 내미는 바로 그 순간, "여호와께서 큰 동풍이 밤새도록 바닷물을 물러가게 하시니 물이 갈라져 바다가 마른 땅"이 됩니다.[출 14:21] 이스라엘이 바다 가운데 육지로 행하여 홍해를 다 건널 때까지 애굽 군대를 막으셨던 하나님께서는 다시 모세가 손을 내밀었을 때, 바로와 그의 군대를 직접 대면하셔서

√ 알아두기

기적에는 순종이 필요하다

순종	결과
산파들의 순종	이스라엘 남자 아이들의 생존
모세의 순종	출애굽 가능
유월절 피의 순종	장자의 죽음을 면함
홍해를 건너는 순종	애굽 군대로부터 죽음을 면함
바위를 치는 모세의 순종	백성들의 갈증을 해소함

그들을 홍해 한가운데에서 멸하십니다. 이스라엘 사람들은 눈앞에 놓인 애굽 사람들의 시체를 보면서 "오늘 본 애굽 사람을 영원히 다시 보지 아니하리라"라는 말씀이 그대로 이루어진 것을 확인하게 됩니다. 이스라엘 백성들은 이 모든 것을 지켜보면서 하나님께서 행하신 구원 역사에 대한 감사와 감격의 노래를 부릅니다.출 15장

"이 때에 모세와 이스라엘 자손이 이 노래로 여호와께 노래하니 일렀으되 내가 여호와를 찬송하리니 그는 높고 영화로우심이요 말과 그 탄 자를 바다에 던지셨음이로다 여호와는 나의 힘이요 노래시며 나의 구원이시로다 그는 나의 하나님이시니 내가 그를 찬송할 것이요 내 아버지의 하나님이시니 내가 그를 높이리로다"출 15:1-2

✓ 알아두기

시나이 사막 / 동서로 209km, 남북으로 386km에 달하는 시나이 사막에는 지금도 출애굽 시대와 마찬가지로 베두인족이 살고 있다.

그러나 기쁨의 노랫소리의 여운이 채 사라지지 않은 때에 광야 생활에서의 첫 번째 어려움이 닥칩니다. 그것은 물 때문이었습니다. 모세가 홍해에서 이스라엘을 인도하여 수르 광야로 들어갑니다. 거기서 사흘 길을 행하였으나 물을 얻지 못하고 마라에 이르렀습니다. 그러나 그 곳 물이 써서 마실 수가 없자 백성들이 "우리가 무엇을 마실까?"라고 말하며 모세를 원망합니다. 노예 생활로부터의 해방감은 잠깐일 뿐, 곧 현실적인 문제에 부딪친 이스라엘 백성들의 '원망'이 시작되는 것입니다.

그러나 하나님께서는 언제나 그러셨듯이 또 다시 살 길을

열어 주십니다. 마라의 쓴 물을 달게 하여 주셨고, 이스라엘 백성들이 곧 물 샘 열둘과 종려나무 일흔 그루가 있는 엘림에 장막을 칠 수 있도록 이끄셨습니다.[출 15:27] 모래 바람 사나운 광야 생활의 대장정은 그렇게 시작되고 있었습니다.

출애굽한 이스라엘 백성들은 한 달 반 만에 신 광야에 도착합니다.[출 16:1] 그런데 여기서 식량이 다 떨어지게 되자, 이로 인해 그들은 또 모세를 원망합니다. 하지만 인간의 힘으로는 견디기 힘든 광야인 것을 하나님께서 더 잘 아십니다. 식량이 다 떨어지기까지 기다리셨던 것은 이스라엘 백성을 훈련시키고자 작은 시험을 베푸셨던 것이지요. 만나를 제공하셔서 기본적인 양식 문제를 해결하시면서, 동시에 안식일을 기억하고 지킬 것을 훈련하시는 것입니다.

> "저녁에는 메추라기가 와서 진에 덮이고 아침에는 (　　　　) 이 진 주위에 있더니 그 이슬이 마른 후에 광야 지면에 작고 둥글며 (　　　　　　) 같이 가는 것이 있는지라 이스라엘 자손이 보고 그것이 무엇인지 알지 못하여 서로 이르되 이것이 (　　　　　　)이냐 하니 모세가 그들에게 이르되 이는 여호와께서 너희에게 주어 먹게 하신 양식이라"[출 16:13-15]

인간의 능력이 끝나는 시점에서 하나님의 공급이 시작됩니다. 하나님께서 하늘로부터 직접 일용할 양식을 공급하시는 일은 인류 역사상 처음 있는 일이었고, 그 이후로 지금까지 다시없는 일입니다. 이후 이스라엘 백성들이 아무리 반항하고 원망하고 불평하고 우상을 만들어 섬겨도 하나님께서는 광야 생활 내내 하루도 거르지 않으시고 만나를 공급하셨습니다.

신 광야를 떠난 이스라엘은 '르비딤'에 이르게 되는데,[출 17:1] 마실 물이 없자 백성들이 또 모세를 원망합니다. 하나님께서 모세에게 "지팡이로 반석을 치라"고 명하십니다. 상식적으로는 쉽게 순종하기 어려운 명령입니다. 그러나 모세는 바위를 치라는 명령에 순종하면 물이 나올 것을 믿고 바위를 칩니다. 하나님을 믿어주는 사람, 그가 모세입니다.

이스라엘의 출애굽을 지휘하고 광야 길에 앞장 선 모세는 모든 일의 결정에 있어서 자신의 생각이 아닌 하나님의 뜻을 따릅니다. 한편 이스라엘 사회의 하부구조를 갖추는 일에 있어서는 장인 이드로의 제안을 들은 뒤 자신이 수용여부를 결정합니다.[출 18장] 하나님께서는 모세에게 이스라엘 백성을 맡기시면서 직접 명령을 내리기도 하셨지만, 다른 한편으로는 모세가 주변 인물들의 조언을 듣고 스스로 판단하여 일을 실질적으로 추진하는 책임도 일정 부분 맡기셨던 것입니다.

우리는 이쯤에서 모세가 그의 일생 내내 지니고 있는 두 가지 삶의 자세를 엿볼 수 있습니다. 첫째는 '하나님을 향한 절대적인 신뢰와 순종'입니다. 둘째로 모세는 '이스라엘 백성들에 대한 따뜻한 시선'을 늘 잃지 않았습니다.

☑ 알아두기

여호와 닛시 / 출애굽한 이스라엘이 홍해를 건넌 후 아말렉과 첫 번째 전쟁을 치른다(출 17:8-16). 애굽 군대와 싸울 때는 하나님 홀로 싸우셨다. 그러나 두 번째인 아말렉과의 싸움에서는 하나님께서 이스라엘 백성들의 협력을 요구하신다.
여호와 닛시는 아말렉과의 싸움에서 승리한 후 모세가 팔을 들어 기도한 곳에 단을 쌓고 붙인 이름. 그 뜻은 "여호와는 나의 기(The Lord is my banner)".

하나님의 사람들

모세 - 간증 / 모세가 이드로에게 하나님께서 하신 일에 대해서 간증한다. 그 일을 자기의 능력으로 여기지 않고 하나님의 일이라고 간증한다. 이드로가 하나님을 발견한다. 이드로는 눈으로 보지 못했다. 단지 모세의 간증을 듣고 하나님을 알게 된 것이다. 믿음은 들음에서 난다.

보석찾기 ○ ● ●

출애굽한 이스라엘 백성들이 직면한 그들의 한계는 무엇이고, 그 한계를 메우시는 하나님의 공급은 무엇 무엇이었는지 출애굽기 14-17장에서 찾아 적어봅시다.

마음나누기 ○ ● ●

당신은 살면서 한계상황에 직면했을 때, 그 한계를 넘어선 하나님의 공급을 체험해 본 적이 있습니까?

기도 ○ ● ●

우리의 생각보다 앞서 예비하시는 하나님을 신뢰하지 못하고 불평과 불만을 쏟아놓는 우리의 모습을 용서하여 주옵소서. 우리의 한계를 통해 하나님의 위대하심을 발견하며 낮아지게 하시고, 또한 우리의 부족함을 채우시는 하나님의 은혜를 믿고 신뢰하는 믿음의 백성으로 살게 하옵소서.

숲이야기 2

세계선교의 꿈

출애굽기 19-34장

나무 25

축복은 사명이 되고

출 19장

찬양 **찬송가** – 521장 · 어느 민족 누구게나
찬　양 – 우리는 주의 백성이오니

기도 이 시간, 말씀을 통독하는 가운데 하나님의 마음과 뜻을 깨달아 알 수 있도록 지혜를 주옵소서.

마음열기 우리 민족은 하나님의 돌보심 가운데 지금까지 역사를 이어 왔습니다. 우리 민족이 하나님으로부터 받은 많은 복 중에서 세 가지만 이야기해 봅시다.

함께읽기 함께 출애굽기 19장을 읽어봅시다.

친해지기 시내 산에서 하나님과 이스라엘 백성들이 맺은 언약은 이스라엘 백성들에게 주신 하나님의 축복이며 또한 사명이었습니다. 그 두 가지가 동시에 함께 주어졌음을 알 수 있는 구절을 찾아 적어봅시다.

말씀의 숲길로 ○●●

출애굽한 지 석 달 정도의 시간이 흘렀고, 이스라엘 백성들은 시내 산에 도착해 있습니다. 이제 하나님께서는 이스라엘 백성들과 함께 아주 중요한 일을 진행하시고자 준비하십니다. 먼저 하나님께서 제안하십니다. 이스라엘 백성이 하나님의 '제사장 나라', '거룩한 백성'이 되면 어떻겠느냐는 것입니다.

"세계가 다 내게 속하였나니 너희가 내 말을 잘 듣고 내 언약을 지키면 너희는 모든 민족 중에서 내 소유가 되겠고 너희가 내게 대하여 제사장 나라가 되며 거룩한 백성이 되리라 너는 이 말을 이스라엘 자손에게 전할지니라"출 19:5-6

하나님의 계획

열방을 향한 꿈
- "모든 민족" (창 12:1-3)
- "세계가 다 내게 속했다" (출 19:5)
- "예루살렘과 온 유대와 사마리아와 땅 끝까지" (행 1:8)

그런데 이 제안에는 조건이 있습니다. 이스라엘 백성들이 하나님의 말씀, 즉 율법을 지켜야 한다는 것입니다. 만일 이스라엘 백성들이 이 제안을 받아들이면 그들은 하나님의 계획 속에서 중요한 파트너가 되는 것입니다. 이것은 일방적인 명령에 대한 순응이 아니라 상호 합의에 따른 계약입니다.

감사하게도 이스라엘 백성은 "여호와께서 명령하신 대로 우리가 다 행하리이다"출 19:8라는 말로 화답합니다. 하나님과 이스라엘 백성이 이룬 이 화합은 앞으로 하나님께서 온 세계에 구원의 역사를 펼쳐가시는 데 큰 힘이 됩니다. 이제 이 화합을 기반으로 이스라엘이 하나님의 백성으로서 어떤 삶

📖 지혜창고

공의와 정의를 위한 선택 / 하나님께서는 아브라함의 후손들로 하여금 공의와 정의를 행하게 하려고(창 18:19) 아브라함을 택하셨다. 그로부터 5백여 년이 흐른 후, 이스라엘 백성은 하나님께서 말씀하신 공의와 정의를 행하기로 받아들이는 역사적인 날을 맞이하게 된다. "우리가 다 행하리이다"(출 19:8)라는 백성들의 응답이 참 감격스럽다.

을 살아야 할지 말씀하시는 내용이 출애굽기 19장부터 민수기 10장까지에 걸쳐 나오는 것입니다.

"…모세가 백성의 말을 여호와께 전하매." 출 19:8 이 말씀은 하나님과 이스라엘 백성 사이에서 모세의 역할이 무엇인지를 분명히 보여줍니다. 하나님의 말씀을 듣고 나서 백성에게 전달해 주고, 백성의 말을 듣고 하나님께 말씀드리는 것이 전달자 혹은 회보자 모세의 역할이었습니다. 그런데 지금까지는 하나님께서 모세를 통해 간접적으로 말씀하셨지만, 이제는 백성들에게 직접 말씀하겠다고 하시며 이스라엘 백성들의 준비를 요구하십니다.

> "여호와께서 모세에게 이르시되 너는 (　　　　　　)에게로 가서 오늘과 내일 그들을 (　　　　　　)하게 하며 그들에게 옷을 빨게 하고 준비하게 하여 셋째 날을 기다리게 하라 이는 셋째 날에 나 여호와가 온 백성의 목전에서 시내 산에 (　　　　　　)할 것임이니" 출 19:10-11

"셋째 날을 기다리게 하라"는 말씀, 이것은 인생들을 지루하게 만들고자 하심이 아니요, 더 복 주시고자 하는 것임을 기억해야 합니다. 하나님께서 강림하실 때를 준비하고 기다리라는 것입니다. 하나님께서는 그동안 이스라엘 백성들에게 베푸셨던 은혜를 상기시키시면서 앞으로 있을 축복과 사명의 자리로 그들을 초대하십니다.

보석찾기 ○ ● ●

출애굽기 19장 5-6절을 찾아 적고, '거룩한 백성, 제사장 나라' 가 되는 것이 세계선교와 어떤 연관이 있는지 생각해 봅시다.

마음나누기 ○ ● ●

하나님께서 당신에게 허락하신 축복은 무엇 무엇이며 그것은 어떤 사명을 위한 것이라고 생각하는지 이야기해 봅시다.

기도 ○ ● ●

하나님께서 오늘도 풍성한 복으로 채우심에 늘 감사드립니다. 하나님께서 베푸신 그 놀라운 복과 더불어 저와 저희 공동체에 맡겨 주신 아름다운 역할이 있음도 잘 알기 원합니다. 주의 자녀로서 '거룩한 백성, 제사장 나라' 의 특권과 사명을 삶 속에 잘 담아낼 수 있도록 지혜와 능력을 더하여 주옵소서.

나무 26

그리스도인의 대헌장

출 20장

찬양 **찬송가** – 241장 · 하나님 아버지 주신 책은
찬 양 – 주의 말씀은 내 발의 등이요

기도 이 시간, 말씀을 통독하는 가운데 하나님의 마음과 뜻을 깨달아 알 수 있도록 지혜를 주옵소서.

마음열기 당신은 가훈, 좌우명 등을 가지고 있습니까? 혹은 교회나 공동체의 소명헌장(mission statement)에 관심을 가져보신 적이 있습니까?

함께읽기 함께 출애굽기 20장을 읽어봅시다.

친해지기 하나님께서는 자신을 어떻게 소개하고 계십니까?[출 20:2] 그 소개말에서 출애굽 사건을 그토록 중요하게 강조하시는 이유는 무엇일까요?

하나님께서 이스라엘 백성을 거룩한 백성과 제사장 나라로 부르십니다. 그들 민족이 세계선교의 초석으로 택함 받은 것입니다. 우리가 '거룩한 백성'이 된 것은 특권입니다. 그리고 그 특권은 모든 민족을 위한 '제사장 나라'로서의 사명을 위한 것입니다. 하나님께서는 우리에게 거룩한 백성 '됨'의 특권을 주셔서 열방을 위한 제사장 나라가 '되는' 사명을 감당케 하신 것입니다. 세계선교를 향한 꿈의 시작입니다.

이스라엘 백성들이 삼일 간의 준비기간을 거쳐서 시내 산 중턱에서 여호와 하나님의 음성을 직접 듣는 순간입니다. 하늘문을 여시고 이스라엘 백성의 귓전에 하나님께서 직접 말씀하시는 것입니다. 이 놀라운 장관을 상상하여 보십시오.

"하나님이 이 모든 말씀으로 말씀하여 이르시되 나는 너를 애굽 땅, 종 되었던 집에서 인도하여 낸 네 하나님 여호와니라" 출 20:1-2

불과 약 9개월 전, 이스라엘 백성들이 애굽 땅에 머물 때에는 하나님께서 모세를 통하여 당신을 소개하실 때, "아브라함의 하나님, 이삭의 하나님, 야곱의 하나님"이라고 소개하셨습니다. 즉 그때까지 이스라엘 백성들에게 있어서 하나님은 그들의 조상들이 경험했던 하나님이었습니다. 그런데 직접 십계명을 선포하시는 이 시점에 하나님께서는 당신을

"나는 너를 애굽 땅, 종 되었던 집에서 인도하여 낸 네 하나님 여호와"라고 알리고 계십니다. 즉 이스라엘 백성들이 자신들을 출애굽시켜 주신 분으로 하나님을 기억하길 원하시는 것입니다.

이제 하나님께서는 십계명을 시작으로 율법을 말씀하십니다.

지혜창고

율법의 두 줄기

1. 하나님에 대한 태도에 관한 법률
2. 다른 사람에 대한 태도에 관한 법률

제 일은, 너는 나 외에는 다른 신들을 네게 두지 말라.

제 이는, 너를 위하여 새긴 우상을 만들지 말고 또 위로 하늘에 있는 것이나 아래로 땅에 있는 것이나 땅 아래 물 속에 있는 것의 어떤 형상도 만들지 말며 그것들에게 절하지 말며 그것들을 섬기지 말라.

제 삼은, 너는 네 하나님 여호와의 이름을 망령되게 부르지 말라.

제 사는, 안식일을 기억하여 거룩하게 지키라.

제 오는, 네 부모를 공경하라.

제 육은, 살인하지 말라.

제 칠은, 간음하지 말라.

제 팔은, 도적질하지 말라.

제 구는, 네 이웃에 대하여 거짓 증거하지 말라.

제 십은, 네 이웃의 집을 탐내지 말라.

십계명은 모든 율법의 기초입니다. 가장 근본이 되는 법이지요. 여기에 근거를 두고 나머지 사회법과 규례들이 파생되어 나옵니다. 율법은 크게 도덕법, 민법, 예식법으로 나눌 수 있습니다. 십계명은 도덕법입니다. 민법은 주로 언약서에 담겨 있고, 일상생활 속에서 어떻게 정결하게 살아야 하는지를 말해 줍니다. 예식법은 제사장, 제사, 종교적인 일들에 대한 내용을 말합니다.

율법에는 '하라' 는 명령이 248가지, '하지 말라' 는 명령이 365가지 있습니다. 이들 율법 중 제사에 관한 내용은 지루하게 느껴질 수도 있습니다. 그러나 이 모든 율법에는 이스라엘 백성을 향한 하나님의 기대가 담겨 있습니다. 하나님께서 십계명을 통하여 택한 백성 이스라엘에게 요구하시는 것은 바로 '하나님 사랑' 과 '이웃 사랑' 입니다. 이는 거룩한 백성이 되기 위한 것이며 더 나아가 인간의 인간됨을 위한 가장 본질적인 것이라고 할 수 있습니다. 이 요구사항들은 이스라엘이 '거룩한 백성', '제사장 나라' 가 되는 데 있어서 중요한 기준이 됩니다.

인간의 인간됨의 본질은 하나님을 사랑하고 이웃을 사랑하는 것입니다. 하나님의 이 요구사항을 말해 주는 출애굽기 20장은 성경 전체의 숲에서 조망되어져야 할 것입니다. 십계명은 딱딱한 법전이 아니라 인간이 가장 인간답다고 여겨질 때의 모형을 보여주는 도구입니다. 예수님께서도 이후 모든 율법을 하나님 사랑과 이웃 사랑이라는 두 항목으로 크게 요약하셨습니다. 하나님 사랑과 이웃 사랑 모두, 우리가 살아가며 추구해야 할 최대의 가치입니다.

αΩ 원어해설

토라 תּוֹרָה : 율법 / '교훈' 이라는 뜻인데, 보통은 십계명을 중심으로 한 모세오경을 가리키나 때로는 구약성서 전체를 가리키기도 한다. 하나님의 백성들의 신앙과 행위에 관한 하나님의 명령인 율법. 이 율법의 기조를 이루는 것은 하나님과 이웃과 맺어야 할 본질적이고도 아름다운 관계에 대한 것이다.

그런데 정작 하나님께서 시내 산에 강림하시어 말씀을 시작하시자 백성들은 하나님 만나기를 두려워합니다.

> "뭇 (   )이 우레와 번개와 나팔 소리와 산의 연기를 본지라 그들이 볼 때에 떨며 멀리 서서 모세에게 이르되 당신이 우리에게 말씀하소서 우리가 들으리이다 하나님이 우리에게 (   )하시지 말게 하소서 우리가 (   ) 하나이다" 출 20:18-19

재앙을 주시는 것도 아니고, 호령을 하시는 것도 아니고, 이스라엘 백성의 귓전에 한 구절 한 구절 친히 율법을 들려주시려는 것인데도 하나님의 음성이 무서워서 직접 못 듣겠다는 것입니다. 그러자 하나님께서는 또 다시 모세를 불러 하나님의 계획을 전하십니다. 백성들을 직접 만나고 싶어하시는 하나님의 마음을 이스라엘 백성들은 깨닫지 못했던 것이지요.

이제 백성은 멀리 서 있고 모세는 하나님이 계신 흑암으로 가까이 갑니다. 출 20:21 율법을 듣고 중재하기 위해서입니다.

보석찾기 ○ ● ●

이후 예수님께서 십계명을 포함한 모든 율법을 두 가지 내용으로 요약하십니다. 마태복음 22장 34-40절 중에서 그 구절을 찾아 적어봅시다.

마음나누기 ○ ● ●

하나님은 이스라엘 백성들에게 "출애굽의 하나님"으로 기억되길 바라셨습니다. 당신은 하나님을 어떤 분으로 기억하고 있습니까? 당신에게 하나님은 어떤 분이십니까?

기도 ○ ● ●

그리스도인의 대헌장이라 할 만큼 소중한 계명들을 허락하여 주신 하나님, 부족한 인생들을 향하여 끊임없이 기대하시고, 또 복된 삶을 살 수 있도록 길을 열어주시니 감사합니다. 하나님께서 주신 계명들을 잘 지켜 행함으로써 하나님의 형상을 좇아 살아갈 수 있기를 소원합니다.

나무 27

공동체를 위한 삶의 기초

출 21-23장

찬양

찬송가 – 369장 · 네 맘과 정성을 다하여서
찬 양 – 우리가 간직해야 할 소중한 것 있다면

기도

이 시간, 말씀을 통독하는 가운데 하나님의 마음과 뜻을 깨달아 알 수 있도록 지혜를 주옵소서.

마음열기

당신이 당신의 가정과 교회를 좀더 아름답게 만들기 위해 지금 하고 있는 노력은 무엇입니까?

함께읽기

함께 출애굽기 22장을 읽어봅시다.

친해지기

출애굽기 22장에는 하나님께서 건강한 공동체를 세우시기 위해 특별히 관심을 가지시는 대상들이 나옵니다. 그들은 어떤 사람들입니까?

> 📖 지혜창고
>
> **약한 이웃** / 출애굽기 21장과 22장은 십계명 중에서 이웃과 관련된 말씀을 풀어서 설명하고 있다. 특히 고아와 과부, 이방 나그네로 지칭되는 약한 자들을 감싸시는 하나님의 사랑을 볼 수 있다.

하나님께서는 '하나님 사랑'과 '이웃 사랑'이라는 두 줄기로 축약되는 십계명을 통해 인간이 인간답게 되기 위한 큰 틀을 보여 주셨습니다. 이제 십계명을 중심으로 한 구체적인 시행세칙을 보여주시는데 이것은 이웃 사랑의 측면에서 '생명존중'과 '약자보호'라는 구체적인 내용을 담고 있습니다.

하나님께서 생각하시는 아름다운 사회는 생명을 존중하고, 힘 있고 능력 있는 사람들이 약한 이들을 보호하고 책임지는 사회입니다. 이웃에게 피해를 주지 않는 것은 물론이요, 자신보다 약한 이웃이 있다면 그를 보호하는 것까지 자신의 책임으로 생각하라는 것입니다. 약한 이웃을 향한 하나님의 말씀은 곧 이스라엘 전체를 아름다운 신앙공동체로 세우시려는 하나님의 의지였습니다.

"사람이 서로 싸우다가 임신한 여인을 쳐서 낙태하게 하였으나 다른 해가 없으면 그 남편의 청구대로 반드시 벌금을 내되 재판장의 판결을 따라 낼 것이니라 …… 사람이 그 남종의 한 눈이나 여종의 한 눈을 쳐서 상하게 하면 그 눈에 대한 보상으로 그를 놓아 줄 것이며 그 남종의 이나 여종의 이를 쳐서 빠뜨리면 그 이에 대한 보상으로 그를 놓아 줄지니라" 출 21:22-27

생명과 약자를 동시에 상징하는 임산부를 보호하라는 말씀은 이웃 사랑의 대표적 내용이라 하겠습니다. 또한 하나님께서 말씀하시는 이웃에는 임산부는 물론이요 종까지 포함됩니다. 약자라는 입장에서 당연한 것입니다. 특별히 이스라엘 백성들에게 있어서 종은 각별한 의미를 갖습니다. 지난 수백 년간 이스라엘 백성들 자신이 종의 생활을 했기 때문입니다. 그러니 이제 자유를 누리게 된 자들로서 자신들이 종이었던 때를 생각하며 더욱 조심히 이 율례를 지켜야 했습니다. 그밖에도 맞아서 죽을 수밖에 없는 약자, 팔릴 수밖에 없는 약자, 힘센 소에게 받힌 사람, 그 소와 일하는 일꾼 등 하나님께서 열거하시는 약자들은 너무나 구체적이고 세밀합니다.

▶ 리더십

약자를 위한 구조 / 현재 전 세계 대부분의 사회가 치열한 경쟁 사회이다. 그러나 경쟁이라는 것은 출발선이 같을 때 의미가 있는 것이다. 출발선에서 있을 수조차 없는 약한 이들은 구조적으로 도와야 하는 것이다.

"사람을 쳐 죽인 자는 반드시 죽일 것이나 만일 사람이 고의적으로 한 것이 아니라 나 하나님이 사람을 그의 손에 넘긴 것이면 내가 그를 위하여 한 곳을 정하리니 그 사람이 그리로 도망할 것이며 사람이 그의 이웃을 고의로 죽였으면 너는 그를 내 제단에서라도 잡아내려 죽일지니라" 출 21:12-14

의도 없이, 즉 과실로 사람을 죽인 행위와 고의로 사람을 죽인 행위를 분명히 구별하고 계십니다. 당시 관습과 전통에 의존하던 사회에서 이렇게 내심(內心)의 동기를 함께 고려하는 하나님의 율법은 탁월한 형법전인 것입니다.

메시지

거룩의 내용 / 소 주인이 소의 성질을 알면서도 친구의 무밭 옆에 소를 그냥 두어서 소가 무를 뽑아먹게 하거나, 또 소가 들이받는 버릇이 있는 줄 알면서도 어린아이가 놀고 있는데 소 말뚝을 튼튼히 박아 놓지 않는 것은 거룩하지 못한 행동이라고 말씀하신다. 이웃과의 관계성 속에서 사소한 것부터 배려하는 것을 '거룩'이라고 하셨다는 점에 주목하자.

"사람이 소나 양을 도둑질하여 잡거나 팔면 그는 소 한 마리에 소 다섯 마리로 갚고 양 한 마리에 양 네 마리로 갚을지

니라"출 22:1

도둑맞은 사람에게 손해가 덜 가도록, 보다 소중한 것을 잃어버리지 않도록 하기 위한 규정입니다. 소와 양의 경우를 각각 다르게 규정하신 것은 남에게 소중한 것일수록 더 탐내지 말라는 뜻인 것 같습니다.

> "네가 만일 너와 함께 한 내 백성 중에서 (　　　　　)한 자에게 돈을 꾸어 주면 너는 그에게 채권자 같이 하지 말며 (　　　　　)를 받지 말 것이며 네가 만일 이웃의 옷을 전당 잡거든 (　　　　　)가 지기 전에 그에게 돌려보내라"출 22:25-26

지혜창고

자비 / 자비는 자기 것을 주는 것, 받을 자격이 없는 사람에게 주는 것을 말한다. 이것이 바로 하나님께서 원하시는 자비이다.

옷을 전당잡혀야만 하는 사람의 형편을 보아 그에게 옷을 돌려주는 것이 자비입니다. 법적으로 한다면 안 돌려줘도 되지만 자비, 관용, 용서라는 측면에서 법을 넘어서는 것입니다. 하나님은 오늘도 우리에게 법을 넘어서는 자비를 요구하십니다. 법 이전에 존재하는 것, 그리고 법보다 훨씬 귀한 것을 요구하십니다.

이처럼 하나님께서는 인간의 일상사에 적용될 생활 규범을 통하여 이스라엘 공동체 내에서의 공평과 공의와 사랑을 말씀하십니다. 거룩한 백성들의 공동체, 즉 하나님께서 요구하시는 건강한 공동체는 이웃에게 피해를 주지 않으며 서로를 모함하지 않는 소극적 차원을 넘어서서, 서로를 존중하고 배려하는 적극적 차원의 정의를 이루는 공동체입니다.

또한 하나님께서는 안식년과 안식일은 물론, 일 년에 세 차례(무교절, 맥추절, 수장절)의 절기를 지키게 함으로써 이스라엘 전체를 신앙공동체로 보존하시려는 의지를 밝히십니다.[출 23:10-19] 하나님께서는 이 모든 율법과 제도를 주신 후 말씀하십니다.

"네가 그의 목소리를 잘 청종하고 내 모든 말대로 행하면 내가 네 원수에게 원수가 되고 네 대적에게 대적이 될지라 …… 네 하나님 여호와를 섬기라 그리하면 여호와가 너희의 양식과 물에 복을 내리고 너희 중에서 병을 제하리니"[출 23:22-25]

우리는 이 말씀을 통째로 이해해야 합니다. 앞부분의 "네가 그의 목소리를 잘 청종하고 내 모든 말대로 행하면"이라는 부분을 기억하지 않고 단순히 뒷부분의 축복 내용만을 가지고 하나님을 찾아서는 안 될 것입니다. 하나님은 먼저 하나님의 말씀을 따를 것을 요구하십니다. 하나님의 말씀을 따르는 것, 그것은 앞에서 살펴본 대로, 원수의 소를 만나면 원수에게 되돌려주고, 가난한 이들을 배려하고 돌아보는 것입니다. 그러한 율례를 모두 지켜야 우리의 대적에게 대적이 되어주신다는 것입니다. 하나님이 이스라엘 백성들과 맺으려는 계약은 일방적인 것이 아니라 제안과 응답이 있는 쌍방적인 것입니다. 따라서 어느 한 편이 거부한다면 이 계약은 맺어지지 않게 됩니다.

αΩ 원어해설

사바트 שַׁבָּת : 안식일 / 하나님께서 6일 동안 천지를 창조하신 후, 일곱째 날을 복주시고 거룩히 구별하신 데에서 비롯되었다(창 2:1-3). 하나님께서는 이후 모세에게 주신 십계명을 통하여 이날에는 모든 사람이 쉬도록 명하셨다. 이날은 노동에서의 휴식이라는 소극적인 의미뿐만 아니라 예배를 위한 성회로 모이라는 적극적인 의미도 갖고 있다.

보석찾기 ○ ● ●

출애굽기 21-23장에 기록된 하나님의 규례들 가운데 기억에 남는 세 가지를 골라 적어봅시다.

마음나누기 ○ ● ●

우리 공동체가 가지고 있으며 지키고 있는 아름다운 규칙들이 있다면 그것이 무엇인지 이야기해 봅시다.

기도 ○ ● ●

공동체를 위한 아름다운 삶의 기준을 이렇게 세심하게 일러주신 하나님, 오늘 우리의 삶 속에서 얼마나 이웃을 향한 배려를 하고 있는지 되돌아봅니다. 나 자신과 나의 가족만을 위한 이기적인 욕심에서 벗어나 보다 넓게 공동체를 생각하게 하시고, 특별히 약하고 소외된 이들을 돌아볼 줄 아는 사랑의 마음을 갖게하여 주소서.

나무 28

너희 가운데 거하기 위해

출 24-27장

찬양
찬송가 – 491장 · 귀하신 친구 내게 계시니
찬　양 – 나를 지으신 주님

기도
이 시간, 말씀을 통독하는 가운데 하나님의 마음과 뜻을 깨달아 알 수 있도록 지혜를 주옵소서.

마음열기
다른 사람을 행복하게 하기 위해, 혹은 다른 사람을 바른 길로 인도하기 위해 특별한 계획을 세워 추진해본 경험이 있습니까?

함께읽기
함께 출애굽기 25장을 읽어봅시다.

친해지기
하나님께서 이스라엘 백성들에게 요구하신 예물의 종류와 드리는 자의 마음자세는 무엇입니까?

말씀의 숲길로

이제 하나님께서는 이스라엘 백성과 하나님 사이에서 중보할 제사장직을 아론과 그 후손들에게 맡기십니다. 이스라엘 백성의 지도자들, 즉 모세, 아론, 나답과 아비후, 70인의 장로들이 하나님 앞에 올라갑니다.출 24:9-11 하나님을 가까이 할 수 있는 놀라운 특권을 받은 것입니다. 이 특권적 사귐, 하나님과의 사귐은 이스라엘 일반 다른 백성들을 향한 책임과 사명을 동반하는 것입니다.

이 리셉션이 끝나고 하나님께서 모세를 부르셔서 말씀하십니다. "너는 산에 올라 내게로 와서 거기 있으라 네가 그들을 가르치도록 내가 율법과 계명을 친히 기록한 돌판을 네게 주리라"출 24:12 이스라엘 백성들에게 기다릴 것을 당부하고 시내 산에 오른 모세는 하나님과 만납니다. 그리고 사십일 사십 야를 산 위에 있게 됩니다. 이때 하나님께서는 이스라엘 백성을 만날 장소인 성막의 설계도를 설명해 주십니다. 하나님께서는 성막을 통하여 이스라엘 백성과 계속적인 만남을 가지려는 계획이 있으셨던 것입니다.

"내가 그들 중에 거할 성소를 그들이 나를 위하여 짓되 무릇 내가 네게 보이는 모양대로 장막을 짓고 기구들도 그 모양을 따라 지을지니라"출 25:8-9

"속죄소를 궤 위에 얹고 내가 네게 줄 증거판을 궤 속에 넣으라 거기서 내가 너와 만나고 속죄소 위 곧 증거궤 위에 있는 두 그룹 사이에서 내가 이스라엘 자손을 위하여 네게 명령할 모든 일을 네게 이르리라"출 25:21-22

"거기서 내가 너와 만나고…." 이스라엘 백성에 대한 하나님의 진한 사랑이 느껴지는 구절입니다. 성소는 하나님이 이스라엘과 함께하시겠다는 상징적 표현입니다. 이 성소는 예배의 중심지이기 이전에 만남의 중심지입니다. 그들에게 성소를 지으라고 하신 것은 하나님께서 그들을 만나고 싶어 하셨기 때문입니다. 그리고 이곳에서 그들의 죄를 용서하시려는 의도를 가지고 계심을 볼 수 있습니다.

한편 성막을 짓기 위해서는 백성들이 가지고 있는 귀중품들을 즐거운 마음으로 드려야 했습니다. 하나님과 이스라엘 백성이 언약을 맺는 과정에서출 19장 이스라엘 백성들 스스로의 선택이 있어야 했듯이 성막 건축에도 백성들의 자원하는 마음이 있어야 했습니다.

> "여호와께서 모세에게 말씀하여 이르시되 이스라엘 자손에게 명령하여 내게 예물을 가져오라 하고 (   ) 마음으로 내는 자가 내게 바치는 모든 것을 너희는 받을지니라 너희가 그들에게서 받을 (   )은 이러하니 금과 은과 놋과 청색 자색 홍색 실과 가는 베 실과 염소 털과 붉은 물들인 숫양의 가죽과 해달의 가죽과 조각목과 등유와 관유에 드는 향료와 분향할 향을 만들 향품과 호마노며 에봇과 흉패에 물릴 (   )이니라"출 25:1-7

하나님께서 시내 산 위에서 모세에게 전해 주신 명령은 크게 '성막 짓기' 와 '제사장의 위임과 사명' 으로 구분할 수 있습니다. 먼저 하나님께서는 당신을 만나고 섬기는 장소로서 성막을 만들게 하시고, 그 성막의 식양을 구체적으로 하나하나 말씀하십니다.

☑ 알아두기

성막 설계 / 성막 짓기의 숲에서 본다면 출애굽기 25장은 성막 안의 내용물 즉 각종 기구들에 대해 지시하고 있고, 26장은 성막 설계의 전체적인 큰 틀을 말씀하고 있다.

"너는 성막을 만들되 가늘게 꼰 베 실과 청색 자색 홍색 실로 그룹을 정교하게 수놓은 열 폭의 휘장을 만들지니 매 폭의 길이는 스물여덟 규빗, 너비는 네 규빗으로 각 폭의 장단을 같게 하고 그 휘장 다섯 폭을 서로 연결하며 다른 다섯 폭도 서로 연결하고 그 휘장을 이을 끝폭 가에 청색 고를 만들며 이어질 다른 끝폭 가에도 그와 같이 하고" 출 26:1-4

이것은 이스라엘이 출애굽하기 전부터 하나님께서 바로에게 하셨던 말씀, 즉 '이들이 나를 섬길 것이라' 라는 출애굽의 목적을 실현하고 있는 과정입니다. 하나님의 생각은 깊으시고 그 계획은 치밀하고 정확합니다. 하나님께서 깊이 생각하시고 계획하신 설계도를 일러주시는 이 장면에서 우리는 뭐가 몇 규빗이고 뭐는 어떻게 만들고 하는 따분하고 지루한 내용이 아니라, 그 꼼꼼한 설계도 이면에 담겨있는 하나님의 정성과 기다리심과 계획하심을 만나게 됩니다.

또한 성막 짓기의 설계도에는 숫자와 재료만 있는 것이 아니라, '수놓다', '연결하다', '꼬다', '접어 드리우다', '덮어 드리우다', '금으로 싸다', '부어 만들다' 등 동사로 표현

되는 정성과 섬세함, 그리고 땀이 들어 있습니다. 출애굽 신앙공동체 중심에 세워질 이 성소를 통해 이스라엘 백성과 더불어 깊은 사귐과 만남을 갖고자 하시는 하나님께서는 이스라엘 백성들을 향해 정성과 섬세함을 원하시는 것입니다.

이렇게 출애굽기 25장부터 27장까지에서는 성막의 설계도, 그리고 성막 기구와 관련된 내용, 마지막으로 번제단과 성막 뜰의 식양을 말씀하시고 그곳에서 제사를 주도할 사람으로 아론을 지명하십니다.

"너는 또 이스라엘 자손에게 명령하여 감람으로 짠 순수한 기름을 등불을 위하여 네게로 가져오게 하고 끊이지 않게 등불을 켜되 아론과 그의 아들들로 회막 안 증거궤 앞 휘장 밖에서 저녁부터 아침까지 항상 여호와 앞에 그 등불을 보살피게 하라 이는 이스라엘 자손이 대대로 지킬 규례이니라" 출 27:20-21

당대의 지도자는 모세입니다. 하지만 이후 대대로 이스라엘 자손의 제사를 주도할 사람은 아론과 그 후손들이 됩니다. 이것이 모세와 아론이 맡은 각자의 역할이었습니다.

보석찾기 ○ ● ●

성막의 식양을 주시는 말씀 가운데는 숫자나 재료에 관한 내용 외에 움직임과 땀을 요구하는 '동사' 들이 나옵니다. 출애굽기 25-26장에서 동사 5가지만 찾아 적어봅시다.(예. 수놓다. 만들다.)

마음나누기 ○ ● ●

당신은 주일날 하나님과 더 깊은 만남을 갖기 위해 어떤 정성스러운 준비를 하고 있습니까?

기도 ○ ● ●

인생들과 사랑의 눈높이를 하시고자 성막을 만들 수 있도록 명하신 하나님, 인생들을 배려하시는 하나님의 마음과 우리와 그토록 만나고 싶어하시는 하나님의 사랑을 느낍니다. 하나님께서 우리를 향해 찾아오심에 기뻐 화답하게 하시고, 주의 일을 감당함에 있어 더욱 최선과 정성을 다할 수 있도록 힘을 주옵소서.

나무 29

위임은 부탁이요 동역입니다

출 28-31장

찬양

찬송가 – 375장 · 영광을 받으신 만유의 주여
찬　양 – 온 세상 만드신 하나님 앞에

기도

이 시간, 말씀을 통독하는 가운데 하나님의 마음과 뜻을 깨달아 알 수 있도록 지혜를 주옵소서.

마음열기

당신이 요즘 교회나 학교, 기타 여러 공동체에서 위임 맡아 책임을 지고 있는 일은 무엇입니까?

함께읽기

함께 출애굽기 29장을 읽어봅시다.

친해지기

제사장이 매일 드릴 번제의 절차는 무엇입니까? 하루도 빠짐없이 이 중요한 일을 해야 하는 제사장의 마음자세는 어떠했을까요?

제사장의 자리는 백성들로부터 거룩히 여김을 받는 자리이지만 그만큼 큰 위험부담과 책임이 따릅니다. 제사장의 옷은 그들에게 주어진 사명과 특권을 잘 설명해주고 있습니다. 아론과 그 후손들이 이스라엘을 대신하여 성소에 들어갈 때에는 하나님께서 지정하여 주신 복장을 갖추고 나아가야 합니다. '지정하여 주신 복장'이라는 말은 그 복장 자체가 아론과 그 아들들에게 물질적인 누림이나 특권을 의미하는 것이 아니라는 뜻입니다 하나님께서 지정해 주신 옷을 입고 나가는 순종의 의미가 있을 뿐이지요.

제사장들은 이스라엘 아들들의 이름을 새긴 보석을 흉패에 달고, 성소에 들어갈 때마다 이 흉패를 가슴에 붙여야 합니다.출 28:15-30 이것은 제사장들이 이스라엘 백성들의 문제를 지고 하나님 앞에 서야 할, 목숨을 건 중재자라는 것을 뜻합니다. 다시 말해 보석에 한 이름씩 정성껏 인을 새긴 것을 아론의 가슴에 붙이게 한 것은, 백성들을 귀히 여기고 그들이 거룩히 드리는 성물을 대신하여 잘 드리라는 것입니다. 제사장은 늘 긴장하여 거룩히 자신의 직분을 감당하라는 책임을 부여하시는 것입니다. 제사장의 자리는 옷의 외관만 보자면 화려하고 호화로울지 모르나 실은 힘들고 어려운 자리인 것입니다.

▶ 리더십

보석과 사명 / 첫 줄은 홍보석 황옥 녹주옥이요, 둘째 줄은 석류석 남보석 홍마노요, 셋째…, 넷째…. 이렇게 보석에 이름이 새겨진다(출 28:17-21). 나아가 생명책에 이름이 새겨진다는 것, 이 특권을 우리가 어떻게 소홀히 여길 수 있을까? 또한 그와 더불어 하나님께서는 이스라엘 백성들에게 그러하셨던 것처럼 우리에게도 '거룩한 백성과 제사장으로서의 사명'을 맡기고 싶어하신다.

제국의 흥망성쇠를 보면, 그 제국을 유지하기 위한 정책이

10년이 멀다하고 바뀌고 고쳐집니다. 그런데 하나님께서 만드신 이 제사장 제도는 예수님이 오실 때까지 유지됩니다. 그러므로 하나님께서 이스라엘 백성을 온 열방 중에서 제사장 나라로 부르신 이후, 지금 아론을 온 이스라엘 백성들 중에서 제사장으로 부르신 것은, 앞으로 1400년 동안 이어질 시스템을 구축하는 놀라운 일이었습니다.

제사장의 옷을 만들어 아론과 그의 자손들에게 입힐 것[출 28장]을 말씀하신 하나님께서 곧 이어 제사장 위임식의 순서를 알려주십니다.[출 29장]

αΩ 원어해설

코헨 כֹּהֵן : 제사장 / 이들은 희생제물을 다루는 등의 종교의식과 절기 행사를 집행하는 일을 했다. 제사장들은 24패(반차)로 나누어 정확히 정해 놓은 순서대로 성전 섬기는 일을 차례대로 했다(대상 24:1-19). 구약 성경의 제사장 제도는 예수 그리스도 안에서 마지막에 이르렀고 완성되었다.

"네가 그들에게 나를 섬길 제사장 직분을 위임하여 그들을 거룩하게 할 일은 이러하니 곧 어린 수소 하나와 흠 없는 숫양 둘을 택하고 …… 아론과 그의 아들들에게 띠를 띠우며 관을 씌워 그들에게 제사장의 직분을 맡겨 영원한 규례가 되게 하라 너는 이 같이 아론과 그의 아들들에게 위임하여 거룩하게 할지니라"[출 29:1-9]

하나님께서 제사장의 직분을 아론과 그의 자손들에게 위임한다는 것은 하나님의 권한과 하나님의 일 가운데 일부를 제사장에게 맡긴다는 의미입니다. 이스라엘 백성의 죄악 문제에 대한 해결을 아론과 그의 자손들에게 구체적으로 맡기시겠다는 것입니다. 하나님께서 인간의 죄를 사하시는 문제는 중대한 문제입니다. 하나님께서 용서의 길을 여시면서, 그 최소한의 조건을 말씀하십니다. 제사를 통해서 용서받을

길이 열리는 것입니다.

그리고 이 만남의 자리에 있어야 할 존재가 바로 제사장입니다. 먼저 그 제사장 직임을 감당할 아론과 그 아들들을 위해서, 하나님께서는 7일 동안 속죄제를 드리게 하십니다. 중재자를 세우는데 하루아침에 편안하게 세우시는 것이 아니라 이렇게 정밀하고 치밀하게 위임식을 해서 중재자를 세우시는 것입니다. 하나님께서는 제사장 위임식을 통해 아론과 그의 아들들을 거룩하게 하시고, 거룩해진 그들이 집례하는 제사를 통해 이스라엘 백성과 만나고 싶어하십니다.

제사장이 해야 할 일은 생각보다 많습니다. 정성스럽게 향을 피우는 세심한 일부터 양과 소를 잡아 제사를 드리는 험한 일까지 다양합니다. 제사장으로 위임받은 아론과 그의 자손들은 하나님께서 지정하신 복장을 갖춘 다음 이스라엘 백성을 대표하여 하나님 앞에 나아가야 하고 하나님께서 정하신 향을 드려야 할 책임이 있습니다.출 30:34-36 또한 아론은 속죄소에서 수많은 백성들의 제사를 주도하게 됩니다. 하나님께서는 아론과 그 아들들에게 사명을 주시고자 그들을 구별시키셨습니다.

지혜창고

화려한 작업복 / 아론의 화려한 제사장 복장은 제사장 직분을 감당하면서 입어야 할 예복이다. 하나님께서 아론에게 화려한 작업복을 주시고, 제사장으로서의 직무를 성실하게 감당하도록 하신다. 아론의 옷은 화려하지만 사실 그 옷은 많은 일을 해야 하는 작업복이나 마찬가지다.

이어지는 출애굽기 31장은 행함을 위한 장이라고 볼 수 있습니다. 성소와 성소에 쓰일 기명을 만들기 위해서 모든 식양의 조건을 주셨는데, 이것들을 행함이 없으면 아무 소용이 없습니다. 그래서 하나님께서는 브살렐과 오홀리압을 세우시고 행함을 강조하십니다.

> "내가 유다 지파 훌의 손자요 우리의 아들인 (   )을 지명하여 부르고 하나님의 영을 그에게 충만하게 하여 지혜와 총명과 지식과 여러 가지 재주로 정교한 일을 (   ) 하여 금과 은과 놋으로 만들게 하며 보석을 깎아 물리며 여러 가지 기술로 나무를 새겨 만들게 하리라 내가 또 단 지파 아히사막의 아들 오홀리압을 세워 그와 함께하게 하며 지혜로운 마음이 있는 모든 자에게 내가 (   )를 주어 그들이 내가 네게 명령한 것을 다 만들게 할지니" 출 31:2-6

이제 이스라엘 공동체에서 6개월 정도 진행될, 가장 중요한 '만드는 일'을 브살렐과 오홀리압에게 맡기시는 것입니다. 우리 하나님은 이스라엘 공동체를 세우는 이 위대한 일을 행하실 때, 모세와 아론만을 지도자로 세우신 것이 아닙니다. 물론 모세와 아론이 중요하지만, 성소와 기명들을 만드는 이 귀하고 정교한 일엔 다른 지도자가 필요한 것입니다. 하나님께서는 역사 속에서 필요한 사람을 세워가실 때, 상하관계나 높낮이 개념이 아니라 역할의 측면을 더 중요하게 여기시는 것 같습니다.

보석찾기 ○●●

이스라엘 공동체 안에서 제사장이 책임지고 수행해야 할 일은 크게 세 가지로 정리할 수 있습니다. 백성들에게 율법을 가르치는 일 외에 나머지 두 가지가 무엇인지, 레위기 9장과 레위기 13-14장을 참고하여 적어봅시다.

마음나누기 ○●●

제사장의 화려한 복장은 사실 하나님과 백성들 사이에서 일하기 위한 작업복이었습니다. 당신은 그동안 하나님과 이웃을 섬기기 위한 작업복을 입어본 경험이 있습니까?

기도 ○●●

인생들이 죄 사함을 받을 수 있도록 용서의 길을 허락하신 하나님, 감사합니다. 복잡한 제사의 절차들을 읽으며 예수님의 십자가의 은혜를 다시 새겨보게 됩니다. 특히 그 만남과 용서의 자리에 세우신 제사장이 큰 책임과 역할을 감당해야 했듯, 우리도 이 시대의 제사장으로서 해야 할 역할을 잘 감당하게 하옵소서.

나무 30

생명을 내어놓고 드리는 기도

출 32-34장

찬양 **찬송가** – 412장 · 우리는 주님을 늘 배반하나
찬 양 – 우리 함께 기도해

기도 이 시간, 말씀을 통독하는 가운데 하나님의 마음과 뜻을 깨달아 알 수 있도록 지혜를 주옵소서.

마음열기 당신은 누군가를 위해 진심으로 중보기도를 해 본 적이 있습니까? 혹은 당신을 위한 누군가의 중보기도가 큰 힘과 위로가 되었던 적이 있습니까?

함께읽기 함께 출애굽기 32장을 읽어봅시다.

친해지기 우상숭배의 죄악을 범한 이스라엘 백성들을 향해 진노하시는 하나님께 모세가 드린 기도의 내용은 무엇입니까? 그 기도를 통해 알 수 있는 모세의 생각과 마음은 어떻습니까?

말씀의 숲길로 ○●●

하나님께서 어떤 분이신지를 아는 우리들은 그분이 우리 인생들을 향해 선한 계획을 세우시고 실행하심을 기대하며 삽니다. 그러나 누구에게든 기다리는 일이 쉽지만은 않은 것 같습니다. 모세가 하나님의 부르심을 받고 시내 산에 올라갔을 때 이스라엘 백성들은 모세가 내려올 때를 끝까지 기다리지 못하고 큰 죄를 짓는 모습을 보게 됩니다. 시내 산 정상에서는 하나님께서 모세와 함께 이스라엘 백성을 향한 놀라운 계획을 준비하고 계십니다. 그런데 산 아래의 이스라엘 백성들은 십계명을 받은 지 얼마 되지도 않았는데 하나님께서 명하신 "나 외에 다른 신을 섬기지 말라"라는 첫 번째 계명과 "우상을 만들지 말라"라는 두 번째 계명을 범하고 금송아지를 만든 것입니다.

"모든 백성이 그 귀에서 금 고리를 빼어 아론에게로 가져가매 아론이 그들의 손에서 금 고리를 받아 부어서 조각칼로 새겨 송아지 형상을 만드니 그들이 말하되 이스라엘아 이는 너희를 애굽 땅에서 인도하여 낸 너희의 신이로다 하는지라" 출 32:3-4

산 아래에서 벌어지는 이런 참담한 광경을 살피신 하나님께서 모세에게 "너의 백성이 부패하였다"고 진노하시며 그들을 진멸하겠다고 하십니다. 출 32:7-10

"여호와께서 또 모세에게 이르시되 내가 이 백성을 보니 목이 뻣뻣한 백성이로다 그런즉 내가 하는 대로 두라 내가 그들에게 진노하여 그들을 진멸하고 너를 큰 나라가 되게 하리라" 출 32:9-10

자초지종도 잘 모른 채, 하나님의 이 선언을 들은 모세는 당황하여 '어찌하여'를 연발합니다. 그러면서 곧 하나님과 백성 사이에서 중보를 시도합니다. "여호와여 어찌하여 그 큰 권능과 강한 손으로 애굽 땅에서 인도하여 내신 주의 백성에게 진노하시나이까?" 출 32:11 하나님께서는 모세에게 '너의 백성'이 부패하였다고 진노하셨지만, 모세는 그래도 '주의 백성'이니 긍휼을 베풀어 용서해 달라고 간절히 매달립니다. 모세는 하나님의 계획을 하루아침에 날려 버릴만한 잘못을 저지른 이스라엘 백성들이라 할지라도 그들을 하나님 앞에 용서받을 자로 보고 있는 것입니다.

모세는 한 걸음 더 나아가 하나님의 체면을 걱정합니다. 애굽 사람들은 이스라엘을 원수로 생각하고 이스라엘 백성들이 망하기만을 바라고 있을 텐데 이 일로 인해 애굽 사람들이 "저들의 신 여호와가 이스라엘 백성을 데려 가더니 죽이고 말았구나"라며 하나님을 조롱할까 걱정이 된다는 것입니다. 모세가 단지 하나님의 진노가 두려워 그 진노를 피해 보려고 올리는 기도가 아닌 것입니다.

그렇게 하나님께 간절한 부탁을 드려 놓고, 모세가 산 아래로 내려와 보니 실로 눈뜨고 볼 수 없는 광경이 펼쳐져 있었습니다. 이에 대노한 모세가 두 돌판을 던져 깨뜨리고, 금송아지를 불살라 부수어 가루로 만들게 합니다. 그리고 그것을 물에 타서 온 백성에게 그 '금가루차'를 마시게 합니다. 또한 그 죄에 대한 벌로 3천 명 가량이 죽임을 당합니다. 3천 명이 죽은 것 그 자체는 비극적 사건이었지만 그 일이 백성 전체를 깨우치는 계기가 됩니다.

이튿날 모세는 다시 하나님께 백성들의 죄를 중보합니다.

> "모세가 여호와께로 다시 나아가 여짜오되 슬프도소이다 이 백성이 자기들을 위하여 금 (　　　)을 만들었사오니 큰 죄를 범하였나이다 그러나 이제 그들의 죄를 사하시옵소서 그렇지 아니하시오면 원하건대 주께서 기록하신 (　　　)에서 내 (　　　)을 지워 버려 주옵소서" 출 32:31-32

자신의 이름을 주의 책에서 지워도 좋으니 백성들의 죄를 사하여 주시라는 간구였습니다. 모세가 하나님의 속상하신 마음을 헤아리며 조심조심 긍휼을 구하는 모습을 보시고 하나님께서는 이스라엘과의 '동행 거부'에서 '동행 결정'으로 마음을 바꾸십니다.

사실, 모세는 하나님께서 이스라엘 백성을 얼마나 '내 백성'으로 여기며 아끼고 계시는지 알고 있었기에 하나님의 본심을 돌이키셔서 용서해 주십사고 간청하였던 것입니다. 우리

메시지

좋은 생각 / 모세의 간절한 기도를 들으신 하나님은 백성들을 용서하심은 물론, 모세와 친구처럼 대화하신다. 한차례 큰 태풍이 지나가고 난 후, 하나님의 진정한 성품이 드러난다. 모세의 친구, 나아가 이스라엘의 친구가 되고 싶어하시는 하나님, 진멸할 죄를 지은 백성들이지만 살려주고 싶으신 하나님, 우리 하나님의 성품은 끝내 '좋은 생각'(good thinking)이다.

가 지금껏 읽으며 느껴온 바이지만 하나님과 모세 사이는 보통 사이가 아닌 것 같습니다. 하나님의 마음을 헤아릴 수 있는 사람이 그리 많지는 않으니 말입니다.

이스라엘 백성들은 스스로 단장품을 제거합니다.[출 33:4-6] 단장품은 애굽 사람들의 습성을 따른 복장 양식입니다. 이스라엘 백성들에게 아직도 애굽에서의 습관이 남아 있었던 것이지요. 사실 금송아지를 만든 것도 누군가를 오래 신뢰하지 못하고 무슨 일이든 책임감 없이 쉽게 포기해 버리는 노예근성에서 나온 일이었습니다. 이제 하나님께서는 이스라엘 백성들이 속과 겉 모두를 철저히 하나님 중심으로 바꾸길 원하고 계십니다.

회복 가능성이 거의 없어 보이던 하나님과 이스라엘 백성의 관계가 출애굽기 33장에서 조금씩 호전될 기미를 보이더니 34장에서는 완전히 회복됩니다. 나아가 이처럼 다시 세워진 관계의 기반 위에서 하나님께서는 두 번째 돌판을 주심과 더불어 아브라함 때부터 시작된 하나님의 비전을 다시 확인하십니다.[출 34:10-28]

관계 회복의 기반이 되는 또 하나의 사건은 이스라엘 백성이 40일 동안 다시 시내 산에 오른 모세를 기다려 준 것입니다. 이 기다림은 하나님과 이스라엘 백성이 다시 가까워질 수 있는 계기가 되었고 이를 통해 하나님의 비전이 지속될 수 있었습니다.

보석찾기

공동체를 위해 생명을 걸고 기도했던 모세의 마음을 생각하며 그의 기도내용(출 32:31-32, 33:12-13)을 옮겨 적어봅시다.

마음나누기

당신은 하나님의 체면과 중심을 헤아려 본 적이 있습니까? 하나님의 체면, 그리스도인으로서의 체면을 지키기 위해 당신이 원하는 어떤 것을 포기해 본 경험이 있습니까?

기도

헛된 우상에 마음을 빼앗기는 어리석은 인생 되지 말게 하옵시며, 죄 지은 백성이지만 그들을 위해 간구하였던 지도자 모세의 마음을 배워가게 하옵소서. 넓게는 하나님의 마음과 체면까지도 헤아리면서 공동체를 위해 진실로 기도하며 섬기는 자가 되게 하옵소서.

숲이야기 3

설계와 시공

출애굽기 35-40장, 레위기 1-10장

나무 31

풍성하게 자원하여

출 35장-39:31

찬양

찬송가 – 71장 · 내게 있는 모든 것을
찬　양 – 나의 모습 나의 소유

기도

이 시간, 말씀을 통독하는 가운데 하나님의 마음과 뜻을 깨달아 알 수 있도록 지혜를 주옵소서.

마음열기

당신은 '부과된 책임에 의한 임무 수행'과 '자원정신에 근거한 헌신과 봉사'의 차이는 무엇이라고 생각하십니까?

함께읽기

함께 출애굽기 35장을 읽어봅시다.

친해지기

성경은 이스라엘 백성들이 하나님께 예물을 바칠 때의 마음이 어떠하였다고 기록하고 있습니까?

하나님과 이스라엘의 동역이 시작됩니다. 드디어 이스라엘 백성들이 하나님의 명령대로 성막을 짓기 시작한 것입니다. 식양은 하나님께서 주셨지만 사람의 순종과 참여, 그리고 실천에 의해 성막이 그 실제 모습을 드러내는 것입니다.

"마음이 감동된 모든 자와 자원하는 모든 자가 와서 회막을 짓기 위하여 그 속에서 쓸 모든 것을 위하여, 거룩한 옷을 위하여 예물을 가져다가 여호와께 드렸으니 곧 마음에 원하는 남녀가 와서 팔찌와 귀고리와 가락지와 목걸이와 여러 가지 금품을 가져다가 사람마다 여호와께 금 예물을 드렸으며 …… 마음에 자원하는 남녀는 누구나 여호와께서 모세의 손을 빌어 명령하신 모든 것을 만들기 위하여 물품을 드렸으니 이것이 이스라엘 자손이 여호와께 자원하여 드린 예물이니라"출 35:21-29

광야 생활로 모든 살림이 아쉽기만 한 이스라엘 백성들에게 금, 은, 놋, 조각목은 정말 소중한 것들이었지만 그들은 성막을 만들기 위해 자신의 소유물들을 즐거운 마음으로 드립니다. 물두멍은 여인들이 아끼는 거울을 재료로 만들어집니다.출 38:8 이스라엘 백성은 출애굽 당시 가지고 나온 귀중품들을 한 번은 악한 일에, 또 한 번은 선한 일에 사용하는데, 전자는 금송아지를 만든 일이며, 후자는 성막을 위한 예물로 드린 일입니다. 이스라엘 백성들은 은금패물을 악하게 사용함으로써 겪었던 뼈아픈 지난날의 사건을 회개하였으며 이제 그 귀중품들을 하나님께서 기뻐하시는 일에 넘치도록 자원하여 내어 놓습니다. 심지어는 성소의 물품들을 만드는 일을 맡은 이들이 모세에게 찾아와 "백성이 너무 많이 가져오므로 여호와께서 명령하신 일에 쓰기에 남음이 있나이다"[출 36:5]라고 말하여 더 이상 가져오지 말라는 명을 내려야 했을 정도입니다.

모세는 일전에 하나님께서 말씀하신 대로 성막 짓는 일의 구체적인 책임자이자 실행자로 브살렐과 오홀리압을 세우게 됩니다.[출 35:30-35] 하나님으로부터 지혜와 총명을 받은 브살렐과 오홀리압. 이들은 약 6개월 동안 많은 시행착오도 겪고, 식양대로 만들어지고 있는지 확인하고 점검하며, 설계도가 다 낡아질 정도로 들여다보면서 일을 진행했을 것입니다. "여러 가지 일을 하게 하시고 정교한 일을 고안하게 하셨느니라"[출 35:35]라는 구절에서 그들의 노력을 엿볼 수 있습니다.

오홀리압은 가르치고 연구하고, 브살렐은 총 책임을 집니다. 식양이 있음에도 불구하고 가르치고 연구했습니다. 부지런히 이 일에 동참할 사람들을 가르치고 '어떻게 하면 더 잘 만들까?' 정교하게 연구했다는 것입니다. 성막의 기구와 물품들은 이방문화와 종교의 영향을 받은 것이 아니라 하나님의 계시에 기초하여 독창적이고 거룩하게 식양이 주어진 것입니다. 그러므로 브살렐과 오홀리압은 자신들의 모든 지

▶ 리더십

비전과 땀 / 성막 짓는 일, 이 중요한 일을 하나님께서는 설계도만 보여주시고 이대로 만들라고 하신다. 하나님의 일을 함에 있어서 하나님께서는 비전을 주신다. 그런데 그 비전을 이루기 위한 구체적인 실천과 땀방울은 사람의 몫이다. 비전에만 초점을 맞추면 실천력 없는 몽상가가 되고, 땀에만 집착하면 하나님 없이 자기 노력으로도 살 수 있다고 생각하는 자기 의에 빠진다. 비전과 땀, 양자의 조화에 대해 곰곰이 생각해 보아야 할 것이다.

하나님의 사람들

브살렐 / 브살렐은 특별히 하나님께 지명을 받았다(출 31:2-5). 그의 동역자 오홀리압도 마찬가지다. 그는 지혜로웠고, 총명했으며, 재능이 뛰어났다. 하나님을 향한 믿음도 굳건했다. 성막을 짓는 일대 사건을 위해 선정된 브살렐은 이미 준비된 사람이었다.

식과 기술을 동원해서 하나님께서 지시하신 대로 성막을 만들어야 했습니다.

성막의 식양을 놓고 깊이 생각하신 하나님, 한 치의 오차 없이 전달하고 전달받는 모세와 브살렐, 그것을 가지고 부지런히 실제 모든 것을 만들기 위해 백성들을 가르치고 연구하는 오홀리압. 성막 역사(役事)에 헌신하는 사람들로 인해 거대한 역사(歷史)가 이루어지고 있습니다.

그런가하면, '성소 건축 비용'이라는 말이 성경에 등장합니다. 건축 비용을 언급하지 않고 건축을 말할 수 없는 것이지요. 아론의 아들 이다말은 성소건축추진위원회 회계 담당으로서 자신의 달란트를 사용했습니다.

> "성소 (　　　　　) 비용으로 들인 금은 성소의 세겔로 스물아홉 달란트와 칠백삼십 세겔이며 계수된 회중이 드린 은은 성소의 세겔로 백 달란트와 천칠백칠십오 세겔이니 계수된 자가 (　　　　　) 세 이상으로 육십만 삼천오백오십 명인즉 (　　　　　)의 세겔로 각 사람에게 은 한 베가 곧 반 세겔씩이라" 출 38:24-26

하나님께서는 자원하는 자들의 헌납을 기다리셨지만, 또한 모든 사람의 동참을 유도하셨습니다. 이 당시의 화폐 단위는 세겔, 달란트였는데 이에 대해 매우 상세하게 기록해 놓고 있습니다. 뿐만 아니라 성소 건축에 동참한 백성들의 수

지혜창고

연결고리 / 다메섹 사람 엘리에셀이 이삭의 배필감을 찾는 일을 성실히 감당함으로써 아브라함에 대한 하나님의 약속 이행의 소중한 연결고리가 되었던 것처럼, 브살렐도 이스라엘이 신앙공동체로 보전되기 위한 중대한 준비를 갖추는 일을 성실히 감당한 사람이었다.

✓ 알아두기

더 깊은 만남을 위한
설계와 시공

· 설계 : 하나님의 섭리, 경영
· 시공 : 인간의 노력, 땀, 헌신, 정성, 봉사

설계자	시공자	창조물
하나님	하나님	에덴동산
	인간	방주
	인간	법궤
	인간	성전
	하나님	새 하늘과 새 땅

가 603,550명이었음을 기록하고 있습니다. 성소의 세겔대로은 한 베가, 곧 반 세겔이라도 내게 함으로써 모든 사람이 동참케 합니다. 자원하게 했지만 결국 모든 사람이 동참할 수 있게 하신 것입니다. 남은 것이 있을 만큼 풍성한 동참이 있었습니다. 모든 사람과 함께하고 싶어하시는 하나님의 뜻이 담겨 있습니다.

모세와 이스라엘 백성의 헌신을 통해 6개월에 걸친 성막 짓기가 끝나고 이제 백성들은 아론과 그 아들들을 위한 옷을 만듭니다.[출 39:1-31] 특별하게 만들어진 이 옷을 입을 아론과 그 아들들은 이스라엘 중에서 구별되어 하나님을 섬길 자로 부름을 받았으며, 이제 이스라엘과 하나님 사이에서 중보자 역할을 감당하게 됩니다.

제사장으로 세워진 아론은 이스라엘 공동체가 하나님의 율례와 법도와 규례들을 지키고 행하는 데에 지도력을 발휘하게 됩니다. 이 지도력은 약자와 강자 간의 권력 관계에 의한 지도력이 아니라 온 백성이 같이 협력하고 거룩한 백성의 사명을 잘 감당하기 위해 필요한 지도력입니다.

보석찾기

이스라엘 백성들이 성막을 짓는 일을 위해 자원하여 드린 물건을 출애굽기 35장 20-29절 중에서 세 가지만 찾아 적어 봅시다.

마음나누기

공동체를 위해 당신이 자원하여 드릴 수 있는 것들에는 어떤 것들이 있는지 이야기해 봅시다.

기도

지금 저에게 있는 모든 것이 전부 다 하나님께로부터 온 것임을 인정합니다. 주님께서 원하시는 일에, 또 공동체를 더욱 아름답게 하는 일에 아낌없이 자원하여 드릴 수 있는 마음을 갖게 하여 주옵소서.

나무 32

얼마나 기다리던 순간입니까?

출 39:32-40장

찬양 **찬송가** – 53장 · 하늘에 가득 찬 영광의 하나님
찬　양 – 내 눈 주의 영광을 보네

기도 이 시간, 말씀을 통독하는 가운데 하나님의 마음과 뜻을 깨달아 알 수 있도록 지혜를 주옵소서.

마음열기 당신은 오랫동안 노력하여 준비해온 어떤 일을 마침내 완성하였을 때의 감격과 기쁨을 느껴본 적이 있습니까?

함께읽기 함께 출애굽기 40장을 읽어봅시다.

친해지기 출애굽기 40장에서 "여호와께서 모세(자기)에게 명령하신 대로"라는 구절이 몇 번 나오는지 세어봅시다.

6개월의 대장정이 일단락되었습니다. 순종을 위한 진한 땀방울의 결과입니다.

하나님께서 모세에게 성막의 식양을 전달하신 일은 한두 시간 만에 이루어진 것이 아닙니다. 자그마치 40일이 걸렸습니다. 그리고 그 식양이 브살렐과 오홀리압에게 전달되었습니다. 그들 또한 그것을 말씀대로 디자인하기 위해 수많은 밤을 뜬눈으로 지새웠을 것입니다. 백성들은 소중한 귀중품들을 아낌없이 바쳤습니다. 금, 은, 놋, 보석 등을 이리저리 살펴보며 가장 합당한 곳에 사용했습니다.

이렇게 만들어진 기구들을 모세 앞에 펼쳐 놓았습니다. 모세는 하나님께서 지시하신 대로 이 모든 기구들이 만들어졌는지 확인 점검하는 시간을 갖습니다. 그 시간은 실로 긴장과 기대가 교차하는 순간이었을 것입니다.

"여호와께서 모세에게 명령하신 대로 이스라엘 자손이 모든 역사를 마치매 모세가 그 마친 모든 것을 본즉 여호와께서 명령하신 대로 되었으므로 모세가 그들에게 축복하였더라"
출 39:42-43

모세가 점검해야 할 목록이 출애굽기 39장 33절부터 열거되어 있는데 이 모든 것을 하나님께서 주신 식양대로 만들고

하나님의 사람들

모세 – 꼼꼼한 확인 / 성막을 다 만든 후, 모세는 40여 개의 기명을 일일이 검사한다. 실제 주어진 식양대로 만드는 것은 오홀리압과 브살렐이 하였지만, 그 최종점검은 모세가 한다. 꼼꼼하게 확인한다.

검토하는 일은, 그야말로 만만찮은 일이었을 것입니다. 이스라엘 백성 전원이 약 6개월간 혼신의 힘을 기울여 지켜보고 자원하고 만들고 협력한 결과물이었습니다. 그 많은 종류의 항목들이 식양대로 만들어졌음을 확인해가면서 모세의 얼굴도 점점 환해졌겠지요. 모세가 마지막 점검을 마치고 "모두 잘 됐다!"라는 한 마디를 함과 동시에 온 백성들은 서로 얼싸안고 함성이라도 질렀을 것입니다. 그 감격의 함성이 들리는 것 같습니다.

√ 알아두기

성소 – 하나님과 이스라엘의 합작품 / 하나님께서는 성소를 만듦에 있어서 이스라엘 백성들에게 식양을 주시고, 여기에 필요한 모든 것들, 즉 재료, 만들 사람 등 준비하는 것은 사람이 할 수 있도록 하신다. 성소는 하나님과 이스라엘 쌍방의 합작품이라고 할 수 있다. 성막 만들기는 혼자가 아닌 여럿이 함께 함으로 가능한 일이었다. 아론의 아들 이다말은 계산하는 일, 브살렐은 만드는 일, 오홀리압은 조각하며 수놓는 일을 했다.

이렇게 해서 6개월의 대장정이 일단락되었습니다. 순종을 위한 진한 땀방울의 결과입니다. 하나님을 만날 장소인 성막이 완성되었고, 하나님과 사람 사이를 중재할 제사장이 준비되었습니다. 이제 하나님께서 이스라엘 백성과 만날 통로가 마련된 것입니다.

하나님께서는 아브라함을 부르실 때부터 아브라함과 그의 후손들, 나아가 당신께서 만드신 모든 사람들과 함께하기를 원하셨습니다. 이스라엘이 애굽에서 고통의 세월을 보낼 때에도, 그들이 애굽에서 나와 홍해를 건널 때에도, 금송아지를 만들어 하나님을 반역할 때에도 하나님께서는 그들과 함께하고 싶으셨습니다. 하나님께서는 이 준비된 만남을 오래도록 기다리셨습니다. 그들의 순종을 보셨고, 그들의 땀 흘림을 보셨습니다. 이 모든 과정 속에는 사람들과 만나고 싶어하시는 하나님의 마음이 담겨 있습니다.

성막이 완성되었다는 것은 하나님께서 이스라엘 백성들의 삶의 한가운데로 들어오셨다는 것을 상징합니다. 이전까지는 어떠했습니까? 백성들은 하나님께서 십계명을 직접 말씀하시는 것만으로도 두려워서 더 이상 못 듣겠다고 벌벌 떨었습니다. 그래서 모세만 시내 산 위로 올라갔고 다른 사람들은 산 근처에 얼씬도 못했습니다. 하나님을 만나는 것은 그렇게 두려운 일이었습니다.

지난 6개월 동안 이스라엘 백성에게 하나님의 말씀이 전달되는 통로는 오직 모세 한 사람뿐이었습니다. 그런데 이제 새 시대를 앞두고 또 다른 공식적인 통로가 열리는 것입니다. 그 준비 작업이 성막 짓기였고, 이스라엘 백성들의 순종으로 새 시대가 열리고 있는 것입니다. 이제는 제사장을 통해서 성막에 임하시는 하나님과 이스라엘 백성들이 만나게 될 것입니다. 하나님께서 이스라엘 백성들이 거하는 진중의 성막으로, 이스라엘 백성들의 삶의 한복판으로 오시는 것입니다.

> "구름이 (   )에 덮이고 여호와의 (   )이 성막에 충만하매 모세가 회막에 들어갈 수 없었으니 이는 구름이 회막 위에 덮이고 여호와의 영광이 (   )에 충만함이었으며" 출 40:34-35

드디어 하나님께서 이스라엘의 삶의 한가운데로 들어오셔서 이스라엘 백성과 가까워지신 것입니다. 하나님께서 그렇게 가까운 데로 내려오신 것입니다.

시내 산에서 회막으로,
회막에서 예수 그리스도로,
예수 그리스도에서 우리의 마음으로…,
우리의 삶 속으로….

드디어 이스라엘의 삶의 한복판으로 우리 하나님께서 친히 들어오셨습니다. 이렇게 하나님께서 우리에게 오시는 사건은 더디지만 기다리는 순종, 우리의 소중한 것을 내어놓는 자원의 마음을 징검다리 삼아 일어나는 것임을 또한 생각하게 됩니다.

하나님께서는 아론과 그의 자손을 영영히 제사장으로 삼으심으로써 회막 시대에 그들의 역할을 점점 키워 가십니다. 물론 앞으로 율법을 더 자세히 가르쳐야 되고, 제사의 법도를 교육해야 하는 등, 그 모든 일은 모세가 실질적으로 감당해야 하지만 성막 중에 거하시는 하나님을 만나는 일을 제사장에게 위임하심으로써 하나님께서는 당신이 만들어 놓은 제사장 제도를 견고히 세워가십니다.

보석찾기 ○●●

하나님께서 주신 식양대로 성막이 만들어지기를 모세도 많이 기다렸습니다. 어떤 절차를 거친 후 모세가 그 모든 일을 완료하는지 출애굽기 39장 42-43절에서 찾아 적어봅시다.

마음나누기 ○●●

하나님께서 허락한 사명을 잘 감당하기 위하여 당신은 여러 사람들과 함께 아름다운 협력을 해본 적이 있습니까?

기도 ○●●

이스라엘 백성들의 헌신과 땀방울을 아름다운 향기로 받으신 하나님, 주님을 향한 저의 온전한 헌신과 드림이 더욱 풍성해지길 소원합니다. 또한 하나님의 일에 함께 뜻을 모아 헌신하는 동역자들과도 좀더 깊이 배려하며 아름답게 협력할 수 있는 지혜를 주옵소서.

나무 33

더 깊은 만남을 위해

레 1-7장

찬양 **찬송가** – 32장 · 오 하나님 우리의 창조주시니
찬 양 – 주께 가까이

기도 이 시간, 말씀을 통독하는 가운데 하나님의 마음과 뜻을 깨달아 알 수 있도록 지혜를 주옵소서.

마음열기 당신에게 있는 소중한 것을 선물함으로 말미암아 상대와의 관계가 더 깊어졌던 경험이 있습니까?

함께읽기 함께 레위기 1장을 읽어봅시다.

친해지기 레위기 1장에서 보여주시는 제사는 어떤 제사입니까? 그 제사를 드리고자 하는 사람이 준비해야 할 것들은 무엇이었습니까?

깊은 만남은 가장 소중한 것을 나눌 때 얻어집니다. 성막 건축을 통해서 하나님과 이스라엘의 만남을 위한 외적 조건이 모두 갖추어졌습니다. 그러나 이것은 시작일 뿐입니다. 레위기는 더 깊은 만남을 위한 여러 가지 제안을 담고 있습니다. 그리고 그 제안의 밑바닥에는 생명의 희생이 들어있습니다. 생명을 소중히 여기시는 하나님께서 그 소중함을 중심으로 깊은 관계를 만들어 가길 원하시는 것입니다.

"여호와께서 회막에서 모세를 부르시고 그에게 말씀하여 이르시되 이스라엘 자손에게 말하여 이르라 너희 중에 누구든지 여호와께 예물을 드리려거든 가축 중에서 소나 양으로 예물을 드릴지니라" 레 1:1 2

하나님께서 산이 아닌 회막에서 모세를 부르고 계십니다. 이스라엘 백성들이 땀과 헌신과 순종으로 만들어 낸 회막으로 하나님께서 오신 것입니다. 이렇게 회막 시대를 여신 하나님께서 처음 하신 말씀은 '누구든지' 하나님 앞에 나오라는 것입니다. 빈부귀천, 남녀노소가 문제 되지 않고, 약하거나 곤고한 자도 하나님 앞에 나올 수 있습니다. 사실 지성소에는 아무나 들어갈 수 없습니다. 그러나 그 한계는 제사를 주도하는 자를 제한하는 것일 뿐, 하나님 앞에 나아오는 데에는 아무런 제한이 없습니다.

메시지

선물 / 누군가와 깊은 만남을 하고 싶다면, 자신의 가장 소중한 것을 나눌 수 있어야 한다. 선물을 싫어하는 사람은 이 세상에 아무도 없을 것이다. 그런데 받는 기쁨이 있으려면, 누군가는 반드시 주는 기쁨을 가져야 한다. 누군가를 위해 나의 소중한 것을 줄 수 있다면 그것만큼 서로의 관계를 깊게 하는 것도 없다. 하나님께서는 이미 가장 소중히 아끼는 독생자를 주셨다. 이젠 우리가 우리의 가장 소중한 것으로 드릴 수 있어야 할 것이다.

☑ 알아두기

번제 (The Burnt Offering)
- 불로 태워서 드림.
- 생명 있는 것으로 자신의 생명을 대속하는 의미(생명 헌신).

소제 (The Grain Offering)
- 곡식가루를 기름과 향을 넣어 굽거나 부치거나 삶아서 드림.
- 재산을 하나님께 바치는 헌신의 의미(재산헌신).

화목제 (The Fellowship Offering)
- 기름, 간, 콩팥 등만 불사르고 나머지는 제사장과 제물을 바치는 자가 먹음.
- 감사한 일이 있을 때, 이웃과 교제하며 나눠먹게 하심.

속죄제 (The Sin Offering)
- 제물에 안수하고 제사장이 제물의 피를 제단에 뿌림.

속건제 (The Guilt Offering)
- 하나님의 것이나 이웃의 것에 해를 가하였을 때, 1/5를 더하여 바치거나(하나님), 보상하고 바침(이웃).

하나님께서는 인생들과의 만남의 절차로 다섯 가지 제사를 말씀하십니다. 먼저, 번제(燔祭)에는 생명을 하나님께 드린다는 의미가 있습니다. 자신의 생명을 드리는 마음으로 하나님께 소, 양, 염소, 비둘기를 드리는 것이지요. 소중한 것을 희생하는 만남은, 그 희생만큼 깊고 진지해지는 것 같습니다. 생명을 소중히 여기시는 하나님께서 그 소중한 생명을 희생하면서까지 유지하기 원하시는 관계, 그것이 하나님과 인간과의 관계입니다.

다섯 가지 제사 중 유일하게 피 흘림이 없는 제사는 소제(素祭)입니다. 곡식을 드리는 소제에는 재산을 바친다는 의미가 있습니다. 성실하게 노력한 결과로 얻은 곡식을 감사하는 마음으로 하나님께 드리라는 것입니다. 하나님께서는 이스라엘의 삶 가운데서 노동의 아름다운 결실을 기쁨으로 하나님께 바치게 하셨습니다.

그런가하면, 화목제(和睦祭)는 다섯 가지 제사 중 이웃과의 나눔을 요구하시는 제사입니다. 번제는 그 몸통 전체를 하나님께 드리는 것이지만 화목제는 내장은 불살라 하나님께 드리고, 남은 고기는 이웃과 함께 나누어 먹게 하셨습니다. 당시 소와 양은 아무나 소유하는 것이 아닙니다. 그러므로 화목제는 주로 재력이 있는 자들에 의해서 드려졌을 것이고, 그러므로 가진 자의 헌신을 통해 덜 가진 자들의 필요를 채웠다는 것을 알 수 있습니다. "드리는 그날에 먹을 것이요 조금이라도 이튿날 아침까지 두지 말 것이니라"레 7:15라는 말

쓸도 나오는데, 황소 한 마리를 어떻게 혼자 다 먹겠습니까? 반드시 나눠 먹으라는 뜻이지요. 하나님께서는 이 화목제를 매개로 하여 평균케 하시는 배려를 하셨던 것입니다.

αΩ 원어해설

쉘렘 שֶׁלֶם : 화목제 / 원뜻은 '보답하다', '배상하다', '다시 주다'라는 뜻. 하나님과 사람 사이의 화목, 사람과 사람 사이에 화평을 가져오는 것이 목적인 제사이다. 제물은 형편에 따라 드리되 흠 없는 것이어야 했다. 이 제사는 예수님께서 모든 죄인들을 위하여 완벽한 단 한 번의 화목제물이 되심으로써 완성되었다.

속죄제(贖罪祭)는 이스라엘 백성이 죄를 범하여 하나님과의 관계에서 문제가 생겼을 때, 이를 바로잡기 위한 제사입니다. 인간 육신의 오장육부만이 아니라 생각의 허망함까지도 아시는 하나님께서는 그렇게 죄지을 수밖에 없는 인생들에게 용서의 길을 여셨습니다.

"그 모든 기름은 화목제 제물의 기름 같이 제단 위에서 불사를지니 이같이 제사장이 그 범한 죄에 대하여 그를 위하여 속죄한즉 그가 사함을 얻으리라" 레 4:26

이는 레위기를 통하여 전하시는 하나님의 복된 소식, 즉 복음(福音)입니다. 죄를 용서 받을 수 있도록 하는 율법의 절차가 얼마나 어렵고 복잡했는지를 알아야 예수 그리스도의 십자가의 소중함을 깨달을 수 있습니다.

하나님의 **계획**

용서의 길 / 범죄한 이스라엘 백성에게 속죄제의 절차를 말씀하시는 것은 레위기를 통해 전하시는 하나님의 깊은 사랑, 곧 복음이다.

마지막으로 속건제(贖愆祭)는 부지중에 이웃에게 해를 가하거나 의도하지 않고 실수한 부분까지도 보상하고 책임질 것을 요구하시는 제사입니다. 죄에 대해서는 용서가 은혜로 주어지지만, 반드시 보상이 뒤따라야 했습니다. 자신이 속한 이스라엘 공동체에 나의 실수로 해가 가지 않도록 끊임없이 관심을 가지는 것, 부지중에 범한 잘못으로 인해 이웃과의 관계에 틈이 생길 때 책임감 있게 공동체를 회복하기 원하시는 하나님의 마음을 엿볼 수 있습니다.

레위기의 제사들을 통해 약한 자에 대한 강한 자의 사회적 책임을 강조하시는 하나님, 나눔을 향기로 받으시는 하나님, 인간의 건강을 배려하시는 하나님의 마음을 읽을 수 있습니다. 하나님께서는 섬김과 나눔을 향기로 받으십니다.

이어지는 레위기 6장의 주된 내용은 제사장이 꼭 명심해야 하는 제사의 절차에 관한 것입니다.

> "제단 위의 불은 (   ) 피워 꺼지지 않게 할지니 제사장은 (   )마다 나무를 그 위에서 태우고 번제물을 그 위에 벌여 놓고 (   )의 기름을 그 위에서 불사를지며 불은 끊임이 없이 제단 위에 피워 꺼지지 않게 할지니라" 레 6:12-13

당시 불을 항상 피워 꺼지지 않게 하기 위해 제사장은 한시도 딴전을 피워서는 안 되었을 것입니다. 제사장은 정말 애쓰고 수고해야 할 작업반장이었습니다.

하나님의 **계획**

힘의 분량대로 / 하나님께서는 "만일 힘(손)이 거기에 미치지 못하면"이라는 말씀으로 어려운 경제형편의 사람들에게도 용서의 길을 여신다(레 5:7, 11). 잘못은 황소 한 마리 분량일지라도 집에 황소가 없을 수 있다. 인생들을 용서하시기 위해 무던히도 애쓰시는 하나님이시다.

지혜창고

사명과 책임 / 제사를 드리는 사람이 필요한 재료를 아무리 잘 준비해도 집례하는 제사장이 정성이 없고, 제사의 절차를 모른다면 그 제사는 하나님께 온전히 드려지지 못할 것이다. 복잡한 제사의 규례는 아론과 그 후손들로 대표되는 구별된 제사장들의 사명과 책임이 그만큼 무겁다는 것을 보여 주고 있다.

보석찾기 ○ ● ●

여러 가지 제사를 통해 이스라엘 백성들은 하나님과 더 깊은 만남을 가질 수 있었습니다. 레위기 3장에 나오는 화목제의 절차를 꼼꼼히 읽고 간단히 정리해 봅시다.

마음나누기 ○ ● ●

우리 그리스도인들은 예배를 통해서 하나님과 만납니다. 하나님과의 더 깊은 만남을 위해 예배에 임하는 우리의 마음 자세는 어떠해야 할지 이야기해 봅시다.

기도 ○ ● ●

우리의 삶 속에 늘 함께하여 주시는 하나님과의 만남이 더욱 더 깊어지길 소원합니다. 주 앞에 나아가는 일에 주저하지 않게 하시고, 또한 이웃과의 바른 나눔을 통해 하나님과 이웃의 기쁨이 되는 삶을 살아가게 하옵소서.

나무 34

새로운 리더십

레 8-9장

찬양

찬송가 – 374장 · 너 주의 사람아
찬　양 – 너의 가는 길에 주의 평강 있으리

기도

이 시간, 말씀을 통독하는 가운데 하나님의 마음과 뜻을 깨달아 알 수 있도록 지혜를 주옵소서.

마음열기

공동체에 리더가 세워지는 것은 참으로 감사한 일입니다. 당신은 공동체의 리더가 리더십을 잘 발휘할 수 있도록 도움을 주었던 적이 있습니까?

함께읽기

함께 레위기 8장을 읽어봅시다.

친해지기

레위기 8장에서 진행되고 있는 행사는 무엇이라고 이름 붙일 수 있을까요? 이 행사의 주인공은 누구이며, 행사가 잘 진행되도록 돕는 이는 누구입니까?

제사를 책임질 제사장이 세워집니다. 약속의 땅에서 이스라엘이 지속적으로 하나님 중심의 삶을 살아갈 수 있도록 하는 데에 꼭 필요한 리더십입니다.

"모세가 아론과 그의 아들들을 데려다가 물로 그들을 씻기고 아론에게 속옷을 입히며 띠를 띠우고 겉옷을 입히며 에봇을 걸쳐 입히고 에봇의 장식 띠를 띠워서 에봇을 몸에 매고" 레 8:6-7

하나님의 임명과 이스라엘 백성의 지지, 그리고 모세의 진행을 통해 하나님과 이스라엘 전체에 기쁨의 장면이 연출되고 있습니다. 출애굽을 위해서는 모세가 필요했고 가나안 입성을 위해서는 여호수아가 필요합니다. 그러나 그들은 출애굽과 가나안 입성이라는 특수한 사명을 위해서 준비된 지도자였고, 이스라엘의 삶에 기초로 뿌리내려야 할 지도자는 제사장입니다. 모세의 남은 책임은 일상적인 이스라엘의 삶을 하나님 보시기에 선하게 이끌어 갈 '평상시'의 지도자를 세우고 권위를 세워주는 일입니다. 예수 그리스도께서 오시기 전까지 지속될 제사장 제도의 시작은, 이렇게 하나님의 마음을 잘 읽은 모세의 충직한 이행과 함께 열리고 있습니다.

위임식이 거행되는 7일 동안 백성들은 무척 긴장되면서도 흐뭇함을 느꼈을 것입니다. 왜냐하면 그들이 기쁜 마음으로

지혜창고

리더십 계발 / 민족을 이끌어 갈 지도자가 세워진다는 것은 중요한 문제가 아닐 수 없다. 특히 애굽에서 종살이하던 이스라엘에게는 더욱 그랬다. 그동안 이스라엘은 애굽의 지도력 하에 있었지, 그들 자체의 어떠한 리더십도 허락되지 않았기 때문이다. 하나님께서는 그들의 지도자로 모세를 부르셨고, 그들을 애굽에서 해방시켜주신 후, 이스라엘의 새로운 지도세력으로 제사장을 세워 주신다.

자원하여 드린 예물로 제작되어진 옷과 회막이 빛을 발하는 시간이기 때문입니다.

마침내 아론이 제사장으로서 첫 제사를 드립니다. 아론은 아마도 긴장된 마음과 떨리는 손으로 제사에 임했을 것입니다. 긴장된 사람은 아론만이 아니었습니다. 모세를 비롯한 모든 이스라엘 백성이 손에 땀을 쥐며 아론을 바라보았을 것입니다. 아론이 드리는 제사가 하나님께 열납되지 않는다면 지금까지의 모든 수고가 물거품으로 변하기 때문입니다. 그러나 하나님께서는 위임식 후 아론이 집례하는 첫 제사를 받으셔서 이스라엘 백성의 염려를 기쁨으로 바꾸십니다.

> "(   )이 백성을 향하여 손을 들어 축복함으로 속죄제와 번제와 화목제를 마치고 내려오니라 모세와 아론이 회막에 들어갔다가 나와서 백성에게 (   )하매 여호와의 영광이 온 백성에게 나타나며 (   )이 여호와 앞에서 나와 제단 위의 번제물과 기름을 사른지라 온 백성이 이를 보고 소리 지르며 엎드렸더라" 레 9:22-24

메시지

전임자와 후임자 / 소위 감투를 썼다가 임기가 다 되어 그 자리를 내려놓은 사람들의 대부분이 자신의 후임자가 자기보다 일을 잘 하는 꼴을 못 본다. 사실 도와주려고 마음만 먹으면 가장 잘 도와줄 수 있는 사람이 전임자인데 말이다. 자신보다 더 훌륭한 후임자를 향해 박수를 치고 응원할 수 있는 사람, 후임자가 자신보다 더 일을 잘 해내어 궁극적으로 공동체의 발전을 도모할 수 있도록 보이지 않게 도울 마음이 있는 전임자, 그런 사람들, 모세 같은 사람들이 정말 필요하다.

아론에게 시선이 집중되고 있는 이 대목에서 우리는 또한 모세의 아름다움도 볼 수 있어야 합니다. 모세는 하나님의 깊은 경륜에서 나오는 뜻과 계획을 인정하고 아론이 세워지는 이 장면 앞에 순종함으로써 이제껏 자신에게만 향해있던 의존도를 점차 줄여가는 멋진 일을 하고 있습니다. 과연 모세는 훌륭한 지도자입니다.

보석찾기

모세가 아론과 그의 아들들의 리더십을 세워주는 아름다운 장면[레 8장]을 찾아보고, 모세가 한 일 세 가지만 적어봅시다.

마음나누기

당신은 크고 작은 공동체에서 모세와 같은 상황, 즉 다른 사람을 공동체의 리더로 세워주어야 하는 상황에 처해본 적이 있습니까? 공동체의 리더를 돕는 여러 가지 방법에 대해 이야기해 봅시다.

기도

공동체를 더욱 힘을 다해 섬겨야 하는 리더의 자리가 제게 주어졌을 때, 혹은 옆에서 리더를 세워주고 도와주는 일을 해야 할 때, 그 각각의 놓인 자리에서 가장 적절한 역할을 찾아 잘 감당할 수 있도록 지혜와 겸손함을 허락하옵소서.

나무 35

생명을 담보하는 직무

레 10장

찬양

찬송가 – 361장 · 주의 주실 화평
찬 양 – 은혜로만 들어가네

기도

이 시간, 말씀을 통독하는 가운데 하나님의 마음과 뜻을 깨달아 알 수 있도록 지혜를 주옵소서.

마음열기

당신은 지금까지 살아오는 동안, 목숨을 걸만큼 위험한 일을 해본 적이 있습니까? 혹은 목숨을 걸만큼 위험하고 힘든 일일지라도 꼭 해보고 싶은 일이 있습니까?

함께읽기

함께 레위기 10장을 읽어봅시다.

친해지기

나답과 아비후의 죽음, 이 사건에 대한 모세와 그 가족의 반응은 어떠합니까? 그들은 왜 그런 반응을 보였을까요?

특권에는 반드시 사명이 뒤따릅니다. 사명을 전제하지 않은 특권은 있을 수 없습니다. 큰 특권을 가진 사람의 사명은 보다 중대할 것입니다. 때로는 그 사명이 생명을 담보해야 하는 경우도 있습니다.

제사장 위임식과 첫 제사 후, 아론 집안은 물론 이스라엘 전체가 발칵 뒤집힐 만한 사건이 일어났습니다.

"아론의 아들 나답과 아비후가 각기 향로를 가져다가 여호와께서 명령하시지 아니하신 다른 불을 담아 여호와 앞에 분향하였더니 불이 여호와 앞에서 나와 그들을 삼키매 그들이 여호와 앞에서 죽은지라" 레 10:1-2

나답과 아비후는 아론의 큰아들과 둘째 아들로 태어나, 쉬운 말로 하면 아버지 덕분에 출세한 사람들이었습니다. 뿐만 아니라 하나님과 이스라엘과의 계약 체결 후 하나님께서 70명의 장로들을 부를 적에 아론, 모세와 더불어 초청되었던 사람들입니다.출 24:1 그런데 하나님의 불이 내려와서 이들을 태워 버렸습니다. 첫 집례 때 이들의 제사를 받으시고 제물을 살랐던 불이 이번엔 이들을 죽이는 불이 된 것입니다.

나답과 아비후의 죽음은 그들이 분별없이 제사를 드린 것에 원인이 있었습니다. 정확한 이유가 명시되어 있지는 않지만, 뒤이어 나오는 말씀, 즉 "너와 네 자손들이 회막에 들어갈 때에는 포도주나 독주를 마시지 말라 그리하여 너희 죽음을 면하라 이는 너희 대대로 지킬 영영한 규례라 그리하여야 너희가 거룩하고 속된 것을 분별하며 부정하고 정한 것을 분별하고 또 나 여호와가 모세를 통하여 모든 규례를 이스라엘 자손에게 가르치리라" 레 10:9-11라는 말씀을 통해 추측해 보건대, 나답과 아비후가 포도주를 지나치게 마신 나머지, 지정한 불을 가져가야 하는데 다른 불을 들고 성소에 나아간 것으로 보입니다. 술에 취해서 분별력을 잃고 자신의 책임을 소홀히 한 것입니다. 책임 맡은 자에게 있어서 일의 옳고 그름, 깨끗함과 부정함을 분별하고 판단하는 일은 매우 중요합니다. 그 일을 소홀히 하였기에 나답과 아비후는 죄에 상응하는 벌을 받은 것입니다.

나답과 아비후가 비록 자신들의 잘못으로 죽음을 맞이하긴 했으나 이를 지켜 본 아버지나 동생들의 심정은 참담했을 것입니다. 그런데 모세는 가족들에게 울지 말라고 강력히 말합니다.

> "모세가 아론과 그의 아들 엘르아살과 이다말에게 이르되 너희는 머리를 풀거나 (   )을 찢지 말라 그리하여 너희가 (   )을 면하고 여호와의 진노가 온 (   )에게 미침을 면하게 하라 오직 너희 형제 이스라엘 온 족속은 여호와께서 치신 불로 말미암아 슬퍼할 것이니라" 레 10:6

잘못해서 죽은 사람들 편에 서서 운다는 것은 하나님께서 내리신 처벌의 정당성을 인정하지 않는 것이기 때문입니다. 그들이 죽은 일로 슬퍼할 것이 아니라 하나님의 말씀에 해가 간 것을 슬퍼해야 한다는 것입니다. 지금 모세가 인간적인 감정을 앞세운 눈물조차 허락하지 않는 것은 자신과 아론 자손에게 맡겨진 특권에 상응하는 책임을 감당하기 위함입니다.

하나님께서 제사장에게 주신 특권이 얼마나 큰 책임을 동반하고 있는지 알 수 있습니다. 아마도 이 사건 이후, 백성들은 제사장을 향한 질투보다는 존경의 마음을 갖게 되었을 것입니다. 특권은 사명을 꼭 동반한다는 사실, 이것은 성경 전체가 우리에게 가르치고 있는 매우 중요한 교훈입니다.

모세와 아론 집안의 긴장이 지속되고 있습니다.

"모세가 속죄제 드린 염소를 찾은즉 이미 불살랐는지라 그가 아론의 남은 아들 엘르아살과 이다말에게 노하여 이르되 이 속죄제물은 지극히 거룩하거늘 너희가 어찌하여 거룩한 곳에서 먹지 아니하였느냐 이는 너희로 회중의 죄를 담당하여 그들을 위하여 여호와 앞에 속죄하게 하려고 너희에게 주신 것이니라 그 피는 성소에 들여오지 아니하는 것이었으니 그 제물은 너희가 내가 명령한 대로 거룩한 곳에서 먹었어야 했을 것이니라" 레 10:16-18

메시지

누구 편에 설 것인가 / 누구의 편에 서는가의 문제는 중요한 문제이다. 근본적으로 하나님의 편에 설 것인가, 다른 편에 설 것인가의 문제 외에도, 약자의 편에 설 것인가, 강자의 편에 설 것인가, 주는 편에 설 것인가, 받는 편에 설 것인가 등 우리는 수많은 편 가르기의 문제에 부딪히게 된다. 대부분 옳은 편에 서는 것은 더 어렵고 갈등과 긴장도 더 많기 마련이다. 하지만 갈등이 싫거나 긴장을 피하고 싶어서 하나님께서 원하시지 않는 길을 택해서는 안 될 것이다.

모세는 아론과 남은 조카들이 하나님의 법도대로 제사를 행하는지 시종 감시하고 있습니다. 조카들이 하나님의 법을 어김으로 말미암아 또 화를 당할까봐 긴장하며 지켜보고 있는 것입니다. 엘르아살과 이다말을 향해 잘못을 지적하며 언성을 높여 화를 냅니다. 그러자 아론이 대답합니다.

"아론이 모세에게 이르되 오늘 그들이 그 속죄제와 번제를 여호와께 드렸어도 이런 일이 내게 임하였거늘 오늘 내가 속죄제물을 먹었더라면 여호와께서 어찌 좋게 여기셨으리요 모세가 그 말을 듣고 좋게 여겼더라" 레 10:19-20

엘르아살과 이다말이 제사를 지낸 것을 가지고 모세가 오해를 하여 화를 낸 것이었습니다. 모세는 아론의 해명을 듣고서야 조카들이 잘못한 것이 아님을 알고 마음을 풉니다. 이 일은 모세가 얼마나 긴장하면서 엄격하게 하나님의 일을 수행하고 있는지 보여줍니다. 온유함이 지면의 모든 사람보다 더했던 모세. 민 12:3 그의 예민한 반응 뒤에 숨겨져 있는 충성된 마음을 읽을 수 있습니다.

보석찾기 ○ ● ●

멋진 리더의 모습을 보여줬던 모세는 이처럼 어려운 순간에도 책임을 감당하는 모습을 보여줍니다. 그 모습을 찾아서 적어봅시다. 레 10:4-6, 12-20

마음나누기 ○ ● ●

당신이 현재 공동체를 위해 맡고 있는 일을 더욱 잘 감당하기 위해 지금 꼼꼼하고 세심하게 확인하고 준비해야 할 일의 목록을 적어봅시다.

기도 ○ ● ●

하나님께서 맡겨주신 소중한 일들을 감당할 때에 게으르고 부주의한 모습으로 잘못 이행하는 일이 없도록 우리의 마음과 손과 발을 지켜주옵소서. 저 개인을 위한 일보다도 하나님과 공동체를 위한 일에 더 큰 열정과 정성을 쏟을 수 있는 성숙한 그리스도인이 되게 하옵소서.

숲이야기 4

시민학교

레위기 11-27장, 민수기 1장-10:10

나무 36

생명을 위한 배려

레 11-15장

찬양

찬송가 – 411장 · 예수 사랑하심은
찬　양 – 하나님은 너를 만드신 분

기도

이 시간, 말씀을 통독하는 가운데 하나님의 마음과 뜻을 깨달아 알 수 있도록 지혜를 주옵소서.

마음열기

인간 생명에 대해 최근 화두가 되는 이슈들은 무엇이며 이에 대한 당신의 의견은 어떠합니까? (예. 인간복제, 뇌사, 낙태 등)

함께읽기

함께 레위기 14장을 읽어봅시다.

친해지기

레위기 14장을 통해 보건대, '율법을 가르치는 일'과 '제사 드리는 일' 외에 제사장의 사명으로 꼽히는 또 한 가지 중요한 일은 무엇입니까?

하나님의 최대 관심사항은 생명입니다. 하나님께서 인간에게 주신 최초의 그리고 최대의 복은 "생육하고 번성하여 땅에 충만하라"창 1:28라는 생명의 복이었습니다.

그런데 사람에게 있어 생명의 문제는 먹을거리와 밀접한 연관이 있습니다. 그래서 하나님께서는 애굽의 식생활에 익숙해져 있는 이스라엘 백성들에게 하나님의 백성다운 식생활을 가르쳐 주고 계십니다.레 11장

"이스라엘 자손에게 말하여 이르라 육지의 모든 짐승 중 너희가 먹을 만한 생물은 이러하니 모든 짐승 중 굽이 갈라져 쪽발이 되고 새김질하는 것은 너희가 먹되 새김질하는 것이나 굽이 갈라진 짐승 중에도 너희가 먹지 못할 것은 이러하니 낙타는 새김질은 하되 굽이 갈라지지 아니하였으므로 너희에게 부정하고"레 11:2-4

언뜻 보면 하나님께서 그들의 자유와 권리를 제한하는 것 같기도 합니다. 그러나 지금 이 순간에도 하나님께선 이스라엘 백성들에게 아침저녁으로 만나를 풍성히 내려 주고 계십니다. 하나님께서는 이렇게 풍성함을 베푸시는 가운데 온 이스라엘이 식생활과 같은 세밀한 부분부터 하나님 앞에서 거룩하여 건강한 생명을 보전하길 원하십니다. 우리의 체질과 오장육부, 몸의 구석구석까지 다 아시는 하나님께서 우

리 몸의 특징과 음식의 특징을 잘 고려하셔서 먹을 것과 먹지 못할 것을 구분해 주시는 것입니다. 우리 하나님은 최고의 요리사, 최고의 영양사이신 셈입니다.

또한 하나님께서는 천하보다 귀한 한 생명을 탄생시킨 여인의 산후조리 기간에 관하여 말씀하십니다.레 12장

하나님의 **계획**

산후조리(레 12장) / 출산 후엔 산모에게 꼭 출산휴가를 주는 것이 바로 하나님이 말씀하시는 '거룩'이다.

"여호와께서 모세에게 말씀하여 이르시되 이스라엘 자손에게 말하여 이르라 여인이 임신하여 남자를 낳으면 그는 이레 동안 부정하리니 곧 월경할 때와 같이 부정할 것이며 …… 그 여인은 아직도 삼십삼 일을 지내야 산혈이 깨끗하리니 정결하게 되는 기한이 차기 전에는 성물을 만지지도 말며 성소에 들어가지도 말 것이며"레 12:1-4

레위기 12장에 있는 '부정'은 윤리적 의미의 '부정(不正)'이 아니라, 청결의 측면에서의 '부정(不淨)'입니다. 그리고 청결하지 못하다는 것은 연약함과 불완전함을 의미하는 것입니다. 그래서 공동체와 하나님의 눈길이 머물러야 하는 사람, 건강하고 온전해질 때까지 관심을 기울여야 하는 대상이 해산한 여인의 몸인 것입니다.

사실 정결기간은 산모에게 자유로운 기간입니다. 안식일이 인간의 삶에 쉼을 주듯 정결기간은 해산한 여인에게 쉼을 줍니다. 거친 광야 생활이기에 산모와 아이에게는 돌봄의 시간이 더욱 절실합니다. 아이를 잉태한 여인은 이 기간 동

안 자신과 아이의 건강을 돌보며 하나님께서 허락하신 생명 탄생의 신비를 묵상할 수 있었을 것입니다.

또한 나병(한센병)의 경우, 한 가지 병의 수많은 증상에 대해 116절이나 되는 긴 내용을 통하여 꼼꼼하게 말씀하고 계십니다. 이는 하나님께서 이미 그들의 입장에 서서 그들을 위하신다는 것을 의미합니다. 레 13-14장

"사람에게 나병이 들었거든 그를 제사장에게로 데려갈 것이요 제사장은 진찰할지니 피부에 흰 점이 돋고 털이 희어지고 거기 생살이 생겼으면 이는 그의 피부의 오랜 나병이라 제사장이 부정하다 할 것이요 그가 이미 부정하였은즉 가두어두지는 않을 것이며" 레 13:9-11

한 개인에게는 고통과 좌절이요, 그 가족의 삶에까지 영향을 주게 되는 나병(한센병)의 발병 여부를 경솔히 판단해서는 안 됩니다. 그래서 하나님께서는 제사장에게 그 분별의 권한과 의무를 부여하시고 분별 방법을 세밀하게 규정하십니다. 제사장들이 환처를 신중하게 살펴 판단하지 않는다면 이스라엘 백성들은 불필요한 고통을 받게 될 것입니다. 이러한 일을 소홀히 하면 이스라엘 공동체 전체를 지탱하고 있는 제사장에 대한 신뢰와 사람들 사이의 신뢰가 무너지게 되는 것입니다. 한센병에 걸린 환자들에게 병이 회복되어 다시 이스라엘 공동체로 복귀할 수 있는 절차가 적힌 레위기 14장은 두말할 나위 없이 귀중한 '복음' 입니다.

지혜창고

제사장 필수 암기사항 / 제사장의 여러 가지 역할 중 중요한 역할이 다른 사람이 대하기 꺼려하는 한센병자를 만나 진찰하는 일이었다. 진찰하는 데 있어서 한 치의 실수도 있어서는 안 된다. 그 환자의 일생이 달려있는 순간이기 때문이다. 모르긴 해도 레위기 13장은 제사장들이 밑줄 쫙쫙 쳐가며 외워야 하는 필수암기 사항이었을 것이다.

리더십

약자의 편에 서서 / 이스라엘의 최고위층인 제사장이 살이 썩어 감으로 고통스러워하는 한 사람의 상처 부위를 주의 깊게 살펴야 하는 이 장면에 주목하자. 하나님의 마음은 소외된 자, 가난한 자, 악한 자에게 쏠려 있다. 레위기에서만 아니라 성경 전체를 볼 때 하나님께서는 약자에게 관심이 많은 분이라는 결론에 도달하게 된다. 그래서 누군가는 하나님은 약자의 편을 드는 편파적인 분이라고까지 표현하면서 하나님의 정의를 찬양했다.

"여호와께서 모세에게 말씀하여 이르시되 나병 환자가 정결하게 되는 날의 규례는 이러하니 곧 그 사람을 (   ) 에게로 데려갈 것이요 제사장은 진영에서 나가 (   )할지니 그 환자에게 있던 나병 환부가 나았으면 제사장은 그 정결함을 받을 자를 위하여 명령하여 살아 있는 (   ) 한 새 두 마리와 백향목과 홍색 실과 우슬초를 가져오게 하고 제사장은 또 명령하여 그 새 하나는 흐르는 물 위 질그릇 안에서 잡게 하고" 레 14:1-5

다시 말해 레위기 13-14장의 주인공들은 영원한 격리의 대상이 아니라, 언제든 깨끗이 회복되는 날, 다시금 끌어안아야 할 대상인 것입니다.

지혜창고

올바른 성관계 / 한 개인이 가정을 선택하여 태어날 권리는 없지만 태어난 후에는 가정을 지킬 책임이 있다. 하나님의 창조 질서 안에서 자신의 가정을 지키며 아름다운 공동체로 세워 나가야 하는 것이다. 하나님은 올바른 성관계를 통해 생명과 기쁨의 자녀가 탄생하기를 원하고 계신다.

성(性)은 하나님께서 생명을 위해 인간에게 주신 아름다운 선물입니다. 하나님께서 약속하신 생육과 번성의 복, 그리고 가정의 평화와 안정은 건전한 성생활을 통해서 이루어질 수 있습니다. 하나님께서 성생활을 통해 발생하는 여러 가지 부정(不淨)들과 정결법들에 대해 자세하게 알려 주십니다(레 15장). 이를 통해 복으로 주신 성(性)을, 쾌락을 도모하기 위한 수단으로 무분별하게 사용하는 것을 미리 방지하고자 하십니다. 공동체 안에서 남녀가 서로 조심하고 깨끗함을 잘 지켜야 공동체가 건강하게 유지될 수 있습니다. 하나님께서는 우리 삶에 무엇이 필요한지 너무나 잘 아시는 분입니다.

보석찾기 ○ ● ●

사람의 생명에 대한 하나님의 관심이 집중적으로 향한 대상들은 누구누구였는지 레위기 11-15장에서 찾아봅시다.(예. 해산한 여인)

마음나누기 ○ ● ●

부모가 자식의 선상을 한없이 돌보고 싶듯이 하나님께서 인생들의 건강을 돌보신다는 사실을 당신이 깊이 깨달았던 적이 있다면 언제였습니까?

기도 ○ ● ●

인생들의 몸과 마음을 세세히 돌보시며, 아끼고 사랑해주시는 하나님 아버지, 그 따뜻한 눈길과 손길로 우리의 삶이 이어져가고 있음에 감사드립니다. 하나님의 성품을 알고 닮아감으로써 생명이 있는 것의 소중함을 더욱 잘 지켜가게 하시고, 시대의 약자들에게 관심과 정성을 기울일 수 있도록 하여 주소서.

나무 37

하나님과 이스라엘 백성 사이에서

레 16장

찬양

찬송가 – 183장 · 나 속죄함을 받은 후
찬 양 – 주님의 사랑이 이곳에 가득하기를

기도

이 시간, 말씀을 통독하는 가운데 하나님의 마음과 뜻을 깨달아 알 수 있도록 지혜를 주옵소서.

마음열기

당신이 공동체 안에서 맡고 있는 직분, 역할은 무엇입니까? 당신이 그 일을 잘 했을 때와 그렇지 못했을 때, 공동체에 끼치는 영향은 각각 어떠합니까?

함께읽기

함께 레위기 16장을 읽어봅시다.

친해지기

제사장이 지성소 안에 아무 때나 마음대로 들어갈 수 없는 이유는 무엇입니까?

하나님과 이스라엘 백성들 사이의 존재인 제사장이 어떻게 자신의 직분을 잘 인식하고 책임감 있게 감당하느냐에 따라서 이스라엘 공동체의 생명력이 결정됩니다.

아론의 두 아들 나답과 아비후는 하나님께서 명하시지 않은 다른 불을 드린 죄로 죽임을 당하고,[레 10장] 아론의 네 아들 중 이제 두 명이 남아 있습니다. 제사장이 하나님께 제사를 드리다가 나답과 아비후와 같이 죽게 되는 일이 또 발생해서는 안 될 것입니다. 그래서 하나님께서는 제사장이 자신을 위한 속죄제를 먼저 드리도록 하고, 지성소에 들어오는 날도 1년에 하루로 정하셔서 제사장의 죽음을 미연에 방지하십니다.

"여호와께서 모세에게 이르시되 네 형 아론에게 이르라 성소의 휘장 안 법궤 위 속죄소 앞에 아무 때나 들어오지 말라 그리하여 죽지 않도록 하라 이는 내가 구름 가운데에서 속죄소 위에 나타남이니라 아론이 성소에 들어오려면 수송아지를 속죄제물로 삼고 숫양을 번제물로 삼고"[레 16:2-3]

지성소에 함부로 들어가면 안 됩니다. 제사장이 성소에 들어가려면 다른 죄보다 제사장 자신의 죄를 먼저 속죄해야 합니다. 이는 책임을 맡고 있는 제사장이 먼저 자기반성을 하라는 뜻입니다. 또한 이스라엘 백성들에게는 7월 10일을 속죄

√ 알아두기

속죄일 / 속죄일은 히브리인들의 연중행사 중 가장 중요한 하루였다. 그 이유는 "이날에 너희를 위하여 속죄하여 너희로 정결하게 하리니 너희 모든 죄에서 너희가 여호와 앞에 정결하리라"(레 16:30)라는 말씀을 이행하기 위해 대제사장이 1년에 한 번 지성소에 들어가는 날이었기 때문이다.

일로 삼도록 해서 스스로를 돌아볼 수 있도록 하십니다.

> "너희는 영원히 이 규례를 지킬지니라 일곱째 달 곧 그 달 십일에 너희는 스스로 괴롭게 하고 아무 일도 하지 말되 본토인이든지 너희 중에 거류하는 거류민이든지 그리하라 이 날에 너희를 위하여 속죄하여 너희를 정결하게 하리니 너희의 모든 죄에서 너희가 여호와 앞에 정결하리라 …… 지성소를 속죄하며 회막과 제단을 속죄하고 또 제사장들과 백성의 회중을 위하여 (　　　　　)할지니 이는 너희가 영원히 지킬 규례라 이스라엘 자손의 모든 죄를 위하여 일 년에 (　　　) 번 속죄할 것이니라 (　　　　　)이 여호와께서 모세에게 명령하신 대로 행하니라" 레 16:29-34

일상 속에서 그들이 죄를 범하였다면 그때그때 제사를 통해서 용서받아야 합니다. 하지만 1년에 하루 정도는 일상을 벗어나서 모든 이스라엘 백성들이 자신의 죄를 돌아보고 용서받아야 합니다. 그러므로 이날은 슬프고 괴로운 날이 아니라, 안식일 중의 안식일이며 백성 전체가 참회하여 정결하게 되는 기쁨과 감사의 날입니다.

그리고 이 기쁜 날을 책임지는 사람들이 아론과 그의 후손들입니다. 제사장들이 이런 일들을 성실하게 해주면 하나님과 백성들의 관계가 적절해집니다. 바르고 고운 관계가 되는 것이지요. 그것은 하나님께서 바라고 원하시는 것입니다. 인간들이 죄에서 자유를 얻는 날, 속죄일. 하나님의 백성 된 자들만이 가질 수 있는 참 좋은 복된 날입니다.

보석찾기 ○ ● ●

제사장은 이스라엘 공동체를 위한 속죄제를 드리기 전에 자기 자신을 위한 속죄제를 먼저 드립니다. 그 이유는 무엇인지 레위기 16장 2절, 13절을 참고하여 적어봅시다.

마음나누기 ○ ● ●

그리스도인들은 빛과 소금의 역할, 다시 말해 이 사회를 정결케 해야 할 사명을 품고 있습니다. 당신과 당신의 공동체가 이 사회 속에서 그러한 역할을 잘 감당하기 위해 실천할 수 있는 일들은 무엇일까요?

기도 ○ ● ●

우리의 모든 죄를 깨끗하게 해주신 날, 그 놀라운 은혜와 기쁨의 날을 주심을 참으로 감사드립니다. 매일 매시 다시 생각하고 묵상해도 감사가 넘치는 그 은혜 안에서 더욱 하나님과 가까워지며, 말씀 안에서 저의 사명을 발견해가고 성장해가는 주의 자녀가 되게 하옵소서.

나무 38

잘못된 전통과 풍속을 좇지 말라

레 17-18, 20, 24장

찬양

찬송가 – 215장 · 이 죄인을 완전케 하옵시고
찬 양 – 주 오셔서 통치하소서

기도

이 시간, 말씀을 통독하는 가운데 하나님의 마음과 뜻을 깨달아 알 수 있도록 지혜를 주옵소서.

마음열기

우리가 살고 있는 삶의 방식은 개인적이라기보다는 다분히 사회적이고 전통적이라고 볼 수 있습니다. '내가 사회의 분위기와 전통 문화에 많은 영향을 받고 있구나' 라는 것을 느꼈던 적이 있습니까?

함께읽기

함께 레위기 18장을 읽어봅시다.

친해지기

레위기 18장 24-25절에는 가나안 족속이 진멸되는 이유가 나옵니다. 가나안 족속이 행한 "모든 일"의 두세 가지 예를 레위기 18장에서 찾아 적어봅시다.

말씀의 숲길로 ○●●

이스라엘 백성에게 있어서 가장 시급한 문제는 애굽의 생활 습관을 끊어 버리고, 또한 가나안 백성의 잘못된 풍속을 좇지 않는 것입니다. 먼저 하나님께서는 이스라엘 백성에게 제사장 중심, 회막 중심의 바른 제사 규례를 말씀하십니다.

"이스라엘 집의 모든 사람이 소나 어린 양이나 염소를 진영 안에서 잡든지 진영 밖에서 잡든지 먼저 회막 문으로 끌고 가서 여호와의 성막 앞에서 여호와께 예물로 드리지 아니하는 자는 피 흘린 자로 여길 것이라 그가 피를 흘렸은즉 자기 백성 중에서 끊어지리라" 레 17:3-4

짐승을 잡을 때는 어떤 이유에서든지 회막 문으로 끌고 오라는 것입니다. 다른 곳에서 짐승을 잡아서 이상한 제사를 드릴 수도 있으니 공개적인 장소로 나와서 제사를 드리라는 것입니다. 애굽에서 하던 습성에 젖어 제사를 따로 드리게 되면, 혹여 제사 규례에 대한 이단이 나올 수 있고, 이스라엘 백성들의 제사가 자칫 우상에게 드려질 수 있는 가능성도 있습니다. 회막 문 앞에서 제사를 드리는 것과 그 외의 장소에서 제사를 드리는 것은 아주 작은 차이로 보입니다. 그러나 그 작은 차이가 제사를 드린답시며 우상을 섬기는 일을 하게 되는 엄청난 차이를 불러 올 수 있습니다. 시내산 중턱에서의 금송아지 사건출 32장을 통해 그러한 가능성을 얼마든지 예상할 수 있습니다. 430여 년이라는 세월 동안 애굽 풍습 가운데 살아온 이스라엘 백성들은 하나님의 법도와 규례대로 사는 방식에 대해 아직 무감각합니다. 이를 완전히 바꾸시려는 하나님의 노력이 시작되는 것입니다.

"여호와께서 모세에게 말씀하여 이르시되 너는 이스라엘 자손에게 말하여 이르라 나는 여호와 너희의 하나님이니라 너희는 너희가 거주하던 애굽 땅의 풍속을 따르지 말며 내가 너희를 인도할 가나안 땅의 풍속과 규례도 행하지 말고 너희는 내 법도를 따르며 내 규례를 지켜 그대로 행하라 나는 너희의 하나님 여호와이니라" 레 18:1-4

하나님께서 이스라엘을 가나안으로 이끄실 때 가장 염려하시는 부분은 첫째, 그들이 애굽의 문화를 끊어내지 못하는 것이었고, 둘째는 앞으로 들어갈 가나안 땅의 문화에 물들게 되는 것이었습니다. 이 두 가지를 해결하기 위해 하나님께서는 모세를 통해 이스라엘 백성들을 열심히 교육하셨습니다. 이미 오랜 시간 접해 온 문화는 특별한 경각심을 가지고 경계하지 않으면 어느 샌가 우리의 생활에 젖어들게 마련이기 때문입니다.

특별히 하나님께서는 애굽과 가나안의 사람들이 문란한 성관계를 통해 사망과 슬픔의 자녀를 낳고, 또 그 자녀를 우상 몰렉에게 바치는 등, 그들의 패역하고 음란한 문화와 풍속을 예로 드시며 이스라엘에게 강력한 경고의 말씀을 하십니다.

"너희는 이 모든 일로 스스로 더럽히지 말라 내가 너희 앞에서 쫓아내는 족속들이 이 모든 일로 말미암아 더러워졌고 그 땅도 (   )졌으므로 내가 그 악으로 말미암아 벌하고 그 (   )도 스스로 그 주민을 (   ) 내느니라" 레 18:24-25

애굽과 가나안은 이스라엘을 위해 희생된 것이 아니라 자신들의 범죄로 인하여 땅이 토해 낸 것입니다. 이것은 단지 저들에게만 해당되는 이야기가 아닙니다. 이스라엘이 이를 따르지 못하면 그들도 가나안 땅의 족속들처럼 멸망하게 될 것은 자명한 일입니다. 먼 훗날 이스라엘도 절대 본받지 말아야 할 이방 풍속을 좇음으로 말미암아 그 땅으로부터 토해냄을 당합니다. 왕하 25장

레위기 20장은 '반드시 죽여야 할 죄'의 목록을 보여줍니다.

"너는 이스라엘 자손에게 또 이르라 그가 이스라엘 자손이든지 이스라엘에 거류하는 거류민이든지 그의 자식을 몰렉에게 주면 반드시 죽이되 그 지방 사람이 돌로 칠 것이요 나도 그 사람에게 진노하여 그를 그의 백성 중에서 끊으리니 이는 그가 그의 자식을 몰렉에게 주어서 내 성소를 더럽히고 내 성호를 욕되게 하였음이라" 레 20:2-3

"만일 누구든지 자기의 아버지나 어머니를 저주하는 자는 반드시 죽일지니 그가 자기의 아버지나 어머니를 저주하였은즉 그의 피가 자기에게로 돌아가리라 누구든지 남의 아내

와 간음하는 자 곧 그의 이웃의 아내와 간음하는 자는 그 간부와 음부를 반드시 죽일지니라" 레 20:9-10

생명의 하나님께서는 과일 바구니 속의 썩은 과일을 제거하듯 이스라엘 공동체가 결코 용납할 수 없는 악을 단호히 잘라 내라고 하십니다. 만일 그렇지 않으면, 그 썩은 과일 하나 때문에 그 바구니 안에 있는 모든 과일이 썩게 되는 것처럼, 악이 이스라엘 공동체 안에 만연해지기 때문입니다. 하나님께서 말씀하십니다.

"너희는 나에게 거룩할지어다 이는 나 여호와가 거룩하고 내가 또 너희를 나의 소유로 삼으려고 너희를 만민 중에서 구별하였음이니라" 레 20:26

이 말을 듣고 전달하는 모세는 하나님의 본뜻을 알았을 것입니다. 하나님이 얼마나 무서운 분인지, 그리고 하나님이 얼마나 인간을 깊게 사랑하는 분인지 모세는 둘 다 알았습니다. 이스라엘에게 엄격한 규례를 주시면서까지 그들을 당신의 백성, 당신의 소유로 삼으려 하시는 하나님의 깊은 사랑을 말입니다.

보석찾기

하나님께서 이스라엘 백성들에게 따르지 말라고 당부하신 가나안과 애굽의 전통과 풍습들이 있습니다.[레 17-18, 20장] 그것들의 특징을 간단히 정리한다면 어떻게 정리할 수 있을까요? (예. 생명경시)

마음나누기

개인의 잘못된 습관들(예. 약속시간에 5분씩 늦기, 공모임 시간에 휴대전화로 통화하기 등)의 반복은 공동체의 잘못된 습관으로까지 굳어질 가능성이 있습니다. 당신이 공동체를 위해서 스스로 버려야 할 습관은 무엇이라고 생각합니까?

기도

거룩하신 하나님의 자녀로서 우리의 삶 또한 거룩하여지길 원합니다. 하나님께서 기뻐하지 않으시는 세상의 풍습들을 멀리 할 수 있도록 우리의 몸과 마음을 지켜주옵소서. 죄에 대한 유혹이 다가올 때, 단호히 물리칠 수 있는 결단력을 주옵소서.

나무 39

거룩은 사랑입니다

레 19장

찬양 **찬송가** – 507장 · 주님의 마음을 본받는 자
찬 양 – 사랑의 주님이 날 사랑하시네

기도 이 시간, 말씀을 통독하는 가운데 하나님의 마음과 뜻을 깨달아 알 수 있도록 지혜를 주옵소서.

마음열기 '거룩'이라는 단어에 대해 당신이 평소에 가지고 있던 느낌과 이미지는 무엇입니까?

함께읽기 함께 레위기 19장을 읽어봅시다.

친해지기 하나님께서는 "이것이 거룩한 삶"이라고 하시며 구체적인 항목들을 말씀해 주셨습니다. 내가 평소에 가지고 있던 '거룩'의 이미지와 레위기 19장이 알려주는 '거룩함'이 차이가 있다면 어떤 차이가 있습니까?

말씀의 숲길로 ○●●

하나님께서 모세에게 말씀하십니다.

"여호와께서 모세에게 말씀하여 이르시되 너는 이스라엘 자손의 온 회중에게 말하여 이르라 너희는 거룩하라 이는 나 여호와 너희 하나님이 거룩함이니라" 레 19:1-2

하나님은 이스라엘 백성들에게 거룩할 것을 일관되게 요구하십니다. 그렇다면 도대체 거룩이란 무엇입니까?

"너희는 화목제물을 여호와께 드릴 때에 기쁘게 받으시도록 드리고 그 제물은 드리는 날과 이튿날에 먹고 셋째 날까지 남았거든 불사르라" 레 19:5-6

"너는 네 이웃을 억압하지 말며 착취하지 말며 품꾼의 삯을 아침까지 밤새도록 네게 두지 말며 너는 귀먹은 자를 저주하지 말며 맹인 앞에 장애물을 놓지 말고 네 하나님을 경외하라 나는 여호와이니라" 레 19:13-14

"내 안식일을 지키고 내 성소를 귀히 여기라 나는 여호와이니라" 레 19:30

"너는 센 머리 앞에서 일어서고 노인의 얼굴을 공경하며 네 하나님을 경외하라 나는 여호와이니라" 레 19:32

지혜창고

거룩이란 / 거룩이란 무엇일까? 깨끗하고 하얀 가운을 입고, 엄숙한 분위기 속에서 조용히 움직이는 것이 거룩의 모습일까? 하나님께서는 이웃들과 바른 관계를 맺고 살아가는 것이 하나님의 백성다운 삶이며, 거룩은 이렇게 맺은 관계를 바르게 유지하고 지켜나가는 것임을 말씀하고 계신다.

αΩ 원어해설

코데쉬 קֹדֶשׁ : 거룩 / '분리하다'는 뜻. 거룩은 속되고 불결한 것에서 단절되고 하나님께 구별되어진 상태를 말한다. 구약 성경에서는 하나님과 하나님의 영역에 속한 모든 것을 '거룩한' 것이라 한다. 하나님께 드리는 예배에 사용된 어떤 물건은 특별한 목적에서 구별된 것이므로 거룩한 물건이 된다. 거룩한 사람은 하나님을 섬기는 데 헌신한 사람이다.

"거류민이 너희의 땅에 거류하여 함께 있거든 너희는 그를 학대하지 말고 너희와 함께 있는 거류민을 너희 중에서 낳은 자 같이 여기며 자기 같이 사랑하라 너희도 애굽 땅에서 거류민이 되었었느니라 나는 너희의 하나님 여호와이니라"

레 19:33-34

지혜창고

하나님의 요구사항 / 부자는 자기 곳간에 관심이 많을지 모르지만 하나님께서는 곳간에 아무것도 없는 가난한 자들에게 관심이 많으시다. 새벽에 조금 늦게 나오고 저녁에 조금 일찍 들어가라고 하신다. 왜냐하면 그 사이, 주인이 없을 때 가난한 자들이 이삭을 주우러 오기 때문이다. 인간과 인간이 서로 배려하길 원하시는 하나님의 마음이다.(레 19:9-10; 23:22)

거룩은 하나님과의 관계에서는 말할 것도 없고 가족과의 관계 속에서도 드러나야 합니다. 나아가 제사를 드리고 난 후 제물의 처리에서도 드러나야 합니다. 농사를 짓고 난 후 수확물의 처리, 품꾼의 삯 처리에서도 드러나야 하고, 장애인에 대한 자세, 노인에 대한 자세, 외국인에 대한 자세 등 거룩은 생활의 모든 부분에서 드러나야 합니다. 하나님은 거룩이란, 말로만 외치는 것이 아니라, '이웃 사랑'을 통해 행동으로 나타나는 구체적인 것임을 알리고 계시는 것입니다.

하나님께서 당신과의 아름다운 관계를 지속적으로 맺고자 하는 자에게 요구하시는 것이 이웃 사랑이고, 그 구체적인 내용을 지켜 행하는 것이 거룩입니다. 결국, 레위기 19장 18절 말씀 "네 이웃 사랑하기를 네 자신과 같이 사랑하라", 그리고 신약에 기록된 예수님의 말씀 "네 이웃을 네 자신과 같이 사랑하라"마 19:19는 말씀의 또 다른 표현이 바로 '거룩'인 것입니다. 우리가 내 이웃을 내 자신처럼 귀히 여기지 않으니, 하나님께서는 제발 남을 너만큼 소중히 여기고 사랑하며 살라고 말씀하시는 것이지요. 우리 인간은 내 몸이 귀한 줄 아는 존재들이고 그것이 본능입니다. 그러나 하나님께서는 본능을 거스르는 사랑, 그것이 거룩이라고 하십니다.

"너희가 너희의 땅에서 곡식을 거둘 때에 너는 밭모퉁이까지 다 거두지 말고 네 떨어진 이삭도 줍지 말며 네 포도원의 열매를 다 따지 말며 네 포도원에 떨어진 열매도 줍지 말고 가난한 사람과 거류민을 위하여 버려두라 나는 너희의 하나님 여호와이니라" 레 19:9-10

내 밭의 곡식은 한 톨도 흘림 없이 모두 거두어들이고 싶은 것이 인지상정(人之常情)인데 하나님께선 그런 인간적인 본능을 누르고 이삭과 포도를 땅에 떨어진 채로 남겨두라 하십니다. 떨어지지 않았더라도 마지막 한 알까지 모두 따지 말고 대충 따고 추수를 끝내라 하십니다. 한마디로 거룩은 사랑이고, 그 사랑에는 행함이 따라야 하는 것입니다.

수고가 없는 사랑은 사랑이 아닙니다. 이 모든 말씀을 그저 읽는 데서만 끝나고 행하지 않는다면 사랑이 어떻게 구체화될 수 있겠습니까? 레위기 19장에 적혀 있는 내용 하나하나가 모두 행동으로 옮겨졌을 때에만 이 말씀이 진정 의미가 있는 것입니다.

우리 예수님은 회당 안에만 계시지 않았습니다. 거룩 그 자체이신 우리 예수님은 가장 낮은 곳, 가장 천한 곳에 내려오셔서 행함으로 그분의 사랑을 입증하셨습니다. 행하지 않으면 거룩이 아닙니다.

지혜창고

행동과 실천이 필요한 거룩 / 행하지 않으면 사랑도 아니고, 거룩도 아닌 것이다. 레위기 19장에 적혀 있는 내용들은 모두 행동으로 옮겨졌을 때에만 비로소 의미 있는 것이다. 인간을 향한 하나님의 끊임없는 관심은 인간이 거룩해지기를 원하시는 하나님의 질척한 사랑이다.

또 한편, 이 시대에 꼭 있어야 할 시민정신의 기초들이 레위기 19장에 기록되어 있습니다. 남의 밭을 전전하며 양식을 구해야 하는 가난한 이를 염려하시는 하나님의 사랑, 외국인과 장애인, 노인의 인권을 생각하시는 하나님의 배려가 시민운동의 기초인 것입니다.

> "너희는 재판할 때에 불의를 행하지 말며 가난한 자의 편을 들지 말며 세력 있는 자라고 두둔하지 말고 (　　　　　)로 사람을 재판할지며 너는 네 백성 중에 돌아다니며 사람을 비방하지 말며 네 이웃의 피를 흘려 (　　　　　)을 도모하지 말라 나는 (　　　　　)이니라" 레 19:15-16

약자의 편을 든다고 해서 재판까지 여론재판이 되지 않도록 정도(正道)를 걸을 것을 요구하십니다. 그런 의미에서 레위기는 최고의 시민운동교재입니다. 적절한 사법감시까지 명하시는, 좋은 시민운동 교과서인 것입니다.

보석찾기 ○ ● ●

거룩을 위한 구체적인 실천항목을 레위기 19장에서 세 가지만 찾아 적어보십시오.

마음나누기 ○ ● ●

1번에서 찾아 적은 세 가지 항목 중에서 당신이 삶 속에서 자주 실천해 본 적이 있는 것은 무엇입니까?

기도 ○ ● ●

'거룩한 삶'이 하늘에 있는 것처럼 추상적이고 말뿐인 것이 아님을 다시 깨닫습니다. 저의 삶 속에서 하나님과 이웃을 향한 사랑의 실천이 하나하나 쌓여 진정 '거룩한' 하나님의 자녀답게 살기를 소망합니다. 사랑을 위해 수고하는 일을 마다하지 않으며, 그 안에서 참 기쁨을 맛보게 하옵소서.

나무 40

공동체를 돌보는 사람

레 21-22, 27장

찬양

찬송가 – 505장 · 내 모든 소원 기도의 제목
찬　양 – 주의 나라에서 큰 자 되려면

기도

이 시간, 말씀을 통독하는 가운데 하나님의 마음과 뜻을 깨달아 알 수 있도록 지혜를 주옵소서.

마음열기

당신이 지금까지 책임 맡고 돌보았던 사람들이나 공동체 중 가장 많은 수의 모임이거나 가장 큰 책임감을 느꼈던 공동체는 무엇이었습니까?

함께읽기

함께 레위기 21장을 읽어봅시다.

친해지기

제사장에게 구체적으로 요구되어지는 것들을 꼽아봅시다. 일반 백성들에게보다 더 많고 까다로운 규례들을 제사장들에게 명하시는 이유는 무엇이라고 생각합니까?

제사장이 된다는 것은 백성의 어른으로서 누군가를 돌볼 책임 있는 존재가 되었다는 것입니다. 그러므로 제사장은 자신의 책임을 제대로 수행하기 위해 스스로를 더럽히지 말아야 합니다. 책임이 중대한 제사장일수록 더욱 거룩해야 합니다.

"제사장은 그의 백성의 어른인즉 자신을 더럽혀 속되게 하지 말지니라 제사장들은 머리털을 깎아 대머리 같게 하지 말며 자기의 수염 양쪽을 깎지 말며 살을 베지 말고 그들의 하나님께 대하여 거룩하고 그들의 하나님의 이름을 욕되게 하지 말 것이며 그들은 여호와의 화제 곧 그들의 하나님의 음식을 드리는 자인즉 거룩할 것이라" 레 21:4-6

또한 육신의 약함이 있는 자들에게는 제사장의 직무를 수행하지 못하도록 하셨습니다. 육체가 약하고 온전치 못할 경우, 복잡하고 철저한 집행이 요청되는 제사 절차를 행하면서 혹 실수할 가능성이 있으므로 미연에 피하게 하신 것입니다.

"누구든지 흠이 있는 자는 가까이 하지 못할지니 곧 맹인이나 다리 저는 자나 코가 불완전한 자나 지체가 더한 자나" 레 21:18

김승의 각을 뜨거나 한센병과 유출병을 살피는 일 등은 육체에 장애가 있는 사람에게는 쉽지 않은 일일 것입니다. 장애가 있는 사람을 무조건 차별하여 소외시키는 규정이 전혀 아님을 알아야 합니다. 제사장이 특권만 누리는 자리라면 그런 오해도 가능할 것이나, 제사장이 감당할 사명을 염두에 두고 정한 규정이기 때문입니다.

또한 하나님은 백성이 드린 예물의 일부분을 제사장에게 주어 먹을 수 있게 하십니다. 제사장의 먹을거리로 성물을 주신 것은, 그들이 제사장의 본연의 임무에 열중할 수 있도록 하시려는 하나님의 뜻입니다. 삶의 기본적인 조건을 갖추어 줄 테니 하나님을 섬기고 백성을 중보하는 일에 힘을 다하라는 것입니다. 백성의 정성어린 예물을 식물로 받는 제사장들은 자신의 모습을 돌아보며 하나님을 경외하는 마음으로 이것을 먹어야 합니다. 성물은 그들이 제사장으로서의 사명에 집중할 수 있도록, 생계 문제를 해결해주시는 하나님의 은혜이기 때문입니다.

"아론과 그의 아들들에게 말하여 그들로 이스라엘 자손이 내게 드리는 그 성물에 대하여 스스로 구별하여 내 성호를 욕되게 함이 없게 하라 나는 여호와이니라" 레 22:2

또한 예물은 예물을 드리는 사람과 예물을 받는 하나님과의 관계성을 나타냅니다. 그리고 그 주도권은 드리는 자에게 있습니다. 드리는 자가 가져온 예물에 따라 하나님과의 관계가 가까워질 수도 있고 어그러질 수도 있습니다. 그래서 하나님은 예물을 드릴 때 그것이 열납 되도록 흠 없는 것으로 드리라고 명하십니다.

> "여호와께서 모세에게 말씀하여 이르시되 아론과 그의 아들들과 이스라엘 온 족속에게 말하여 이르라 이스라엘 자손이나 그 중에 거류하는 자가 서원제물이나 자원제물로 번제와 더불어 여호와께 (   )로 드리려거든 기쁘게 받으심이 되도록 소나 양이나 염소의 (   ) 없는 수컷으로 드릴지니 흠 있는 것은 무엇이나 너희가 드리지 말 것은 그것이 (   ) 받으심이 되지 못할 것임이니라" 레 22:17-20

레위기 27장은 거룩한 시민사회를 밑바닥에서부터 떠받치고 있는 제사장들의 살 길을 열어주시기 위한 말씀입니다. 하나님께서는 백성들이 서원하여 예물을 드리게 함으로써 제사장들의 창고를 채워 주십니다. 그래야 제사장들이 맡은 일에 전심전력할 수 있기 때문입니다.

또 하나님께서는 나이 별로 구분해 서원의 값을 정하십니다.

"여호와께서 모세에게 말씀하여 이르시되 이스라엘 자손에게 말하여 이르라 만일 어떤 사람이 사람의 값을 여호와께 드리기로 분명히 서원하였으면 너는 그 값을 정할지니 네가 정한 값은 스무 살로부터 예순 살까지는 남자면 성소의 세겔로 은 오십 세겔로 하고 여자면 그 값을 삼십 세겔로 하며 다섯 살로부터 스무 살까지는 남자면 그 값을 이십 세겔로

메시지

형편을 아시는 하나님 / 하나님께서는 형편이 안 되는 사람에게도 서원을 드릴 수 있는 길을 열어주신다. 혹 서원자가 가난하여 그 정해준 값을 다 감당하기 어려운 경우, 제사장이 그 사람의 형편을 잘 살펴서 적절한 값을 다시 정해주도록 하셨다. 그러므로 가난한 자들도 그들 형편에 맞게 하나님 앞에 나아올 수 있다. 참 좋으신 하나님이시다.

하고 여자면 열 세겔로 하며" 레 27:1-5

여기에는 '시간'의 중요성이 들어가 있습니다. 한정된 인생의 시간을 어떻게 쓸 것인가 하는 것은 참 중요한 문제입니다. 또 한 가지, 삶을 영위하는 데 있어서 꼭 필요한 돈을 어떻게 쓸 것인가는 평생 우리가 고민하는 문제입니다. '서원'에는 이 '시간'과 '돈'을 하나로 묶어서 하나님께 바치라는 의미가 담겨 있습니다. 다시 생각해 보면, 이것은 하나님께 자신을 서원하여 드리는 것이 인생에 있어서 얼마나 중요한 것인지를 말해 주는 것입니다.

지혜창고

서원의 기본정신 / 인생의 가장 중요한 시기를 특별히 구별하여 하나님 사랑과 이웃 사랑을 위해 쓰는 것이다. 시간과 돈, 즉 내 삶에서 가장 중요한 것들을 하나님과 이웃 앞에 전적으로 내어 놓는 구별된 시간이 있을 때 하나님께서 우리를 들어서 필요한 일에 쓰실 것이다.

끝으로 하나님께서는 공식적으로 십일조의 원칙을 정하십니다. 가축이나 땅의 산물, 즉 곡식 등의 10분의 1을 떼서 하나님 앞에 드리라고 하십니다. 하나님의 것이니 사람이 함부로 도용하지 말고 의무적으로 바치라는 것입니다.

"그리고 그 땅의 십분의 일 곧 그 땅의 곡식이나 나무의 열매는 그 십분의 일은 여호와의 것이니 여호와의 성물이라"
레 27:30

하나님께서는 이렇게 십일조로 제사장의 살 길을 열어주고 계십니다. 제사장이 흔들리지 않고 든든히 서 있는 것이 거룩한 시민공동체를 바르게 세워가는 첩경임을 기억해야 할 것입니다.

보석찾기 ○●●

가장 큰 책임을 맡고 있는 제사장이 지켜야 할 규례에 어떤 것들이 있는지 레위기 21장에서 세 가지만 찾아 적어봅시다.

마음나누기 ○●●

보다 더 넓게 책임범위를 인식하고 그 책임을 감당하고자 노력하는 사람이 결국 훌륭한 리더가 됩니다. 지금까지 생각해왔던 당신의 책임범위를 조금이라도 더 넓히게 된다면 어느 부분을 넓혀야 하겠습니까?

기도 ○●●

하나님, 공동체를 향한 저의 책임범위를 점점 더 넓혀갈 수 있기를 기도합니다. 이를 위해 더 높은 수준을 갖춘 그리스도인, 다른 사람들에게 모범이 될 만한 믿음을 삶으로 드러내는 그리스도인이 될 수 있길 소원합니다.

나무 41

아름다운 절기문화

레 23, 25장

찬양

찬송가 – 489장 · 세상 모든 풍파 너를 흔들어
찬 양 – 지금 우리가 주님 안에 하나가 되어

기도

이 시간, 말씀을 통독하는 가운데 하나님의 마음과 뜻을 깨달아 알 수 있도록 지혜를 주옵소서.

마음열기

우리 고유 명절인 '설'이나 '추석' 때 매년 수천만 명이 대이동을 합니다. 당신은 이런 명절의 힘은 어디에 있으며 그 효과는 무엇이라고 생각합니까?

함께읽기

함께 레위기 23장을 읽어봅시다.

친해지기

이스라엘 백성들이 지켜야 할 절기들은 무엇 무엇이며, 하나님께서 그 절기들을 명하신 이유는 무엇일지 짐작해봅시다.

레위기 23장에서 하나님은 이스라엘 백성들이 지켜야 할 여러 절기를 규정하십니다. 안식일, 유월절, 무교절, 오순절, 7월 10일 속죄일, 초막절의 규례가 그것입니다. 그리고 이 절기들은 이스라엘을 하나님 중심, 약자 중심, 인간 중심의 공동체로 이끄는 문화의 중심이 됩니다.

"이것이 너희가 그 정한 때에 성회로 공포할 여호와의 절기들이니라 첫째 달 열나흗날 저녁은 여호와의 유월절이요 이 달 열닷샛날은 여호와의 무교절이니 이레 동안 너희는 무교병을 먹을 것이요 그 첫 날에는 너희가 성회로 모이고 아무 노동도 하지 말지며 너희는 이레 동안 여호와께 화제를 드릴 것이요 일곱째 날에도 성회로 모이고 아무 노동도 하지 말지니라" 레 23:4-8

하나님께서 제안하시는 절기문화는 우선 '쉬는 문화'이고, 그리고 '약자를 위한 문화' 입니다. 그리고 절기를 지키는 이유는 하나님을 기억하기 위함입니다. 각 절기를 설명하시면서 덧붙이시기를 '아무 노동도 하지 말라' 하십니다. 다른 일 하지 말고 그 힘을 이스라엘 공동체를 회복하는 일, 하나님을 기억하는 일에 쏟으라는 것입니다.

☑ 알아두기

절기에 담긴 정신 / 이스라엘의 절기에는 중요한 두 가지 정신이 담겨 있다. 그것은 바로 '하나님 중심'과 '공동체성'이다.

이렇게 하나님께서는 절기를 지키는 동안 아무 일도 하지 않게 함으로써 충분히 쉴 수 있게 하시고, 그를 통해 이스라엘 백성들이 출애굽의 하나님을 깊이 생각해 볼 수 있는 귀한 시간을 갖도록 하십니다. 하나님과의 관계를 다시 정비하는 귀한 기회로 삼으라는 뜻이지요. 우리도 고유의 명절을 지키면서 하나님의 규례와 법도를 따를 수 있는 방법은 무엇일지 찾아보는 노력을 해야 할 것입니다.

√ 알아두기

이스라엘의 절기

절기이름	날 짜	관련구절	의 미	절기예식
유월절 (무교절)	1월 14일	출애굽기 12-13장	애굽으로부터의 해방을 기념	문설주에 양피를 바르고 무교병을 먹는다.
오순절 (칠칠절)	3월 6일	민수기 28:26	매년의 수확을 경축	시내 산에서 율법 받은 날을 기념하여 출애굽기를 봉독한다.
나팔절	7월 1일	레위기 23:23-25	나팔을 불어 기념하는 날	양의 뿔나팔을 불며 꿀빵을 먹는다.
속죄일	7월 10일	레위기 23:26-32	민족의 죄를 속하기 위한 날	종일 금식하며 죄를 고백한다.
장막절	7월 15일	민수기 29:12-40	광야에서의 나그네 생활을 기념	종려나무나 버드나무로 장막을 짓고 그 안에 거한다.
부림절	12월 14일	에스더 9:21	유대인이 하만의 학살 음모로부터 구원받음을 기념	

창세기 1, 2장에서 하나님께서 아담과 하와에게 땅을 정복하라고 말씀하신 데 이어 레위기 25장에서는 땅을 잘 다스리는 구체적인 내용이 언급되고 있습니다. 레위기 25장의 기본 전제는 '이스라엘 백성들은 하나님의 품꾼' 이라는 것입니다.

"이스라엘 자손은 나의 품꾼이 됨이라 그들은 내가 애굽 땅에서 인도하여 낸 나의 품꾼이요 나는 너희 하나님 여호와니라" 레 25:55. 개역한글판

품꾼은 농사를 짓기는 짓되 자기 밭의 농사를 짓는 것이 아니라 품삯을 주는 사람의 농사를 지어주는 사람입니다. 이스라엘 백성들이 하나님의 품꾼이라면 그 모든 소유는 하나님께 있는 것이라 할 수 있습니다. 모든 만물의 주인은 하나님이시고, 인간들은 잠시 맡아 관리하는 청지기인 것입니다.

이 '품꾼 정신', '청지기 정신' 은 현대 사회를 살아가는 우

리에게도 꼭 필요한 정신입니다. 영원히 내 것은 없다는 것, 내가 지금 가지고 있는 것은 하나님께로부터 특별히 받은 선물이라는 것, 언제라도 하나님께 돌려 드릴 수 있고 그때까지 잘 관리해야 한다는 것, 이것을 아는 것이 품꾼 정신, 청지기 정신입니다.

인간은 그것을 관리하는 청지기로서의 역할을 감당해야 하며, 그 중요한 원칙은 안식년과 희년을 지키는 것입니다. 이제 머지않아 그들에게 젖과 꿀이 흐르는 가나안 땅이 주어실 것입니다.

"네가 거둔 후에 자라난 것을 거두지 말고 가꾸지 아니한 포도나무가 맺은 열매를 거두지 말라 이는 땅의 안식년임이니라" 레 25:5

"너희는 오십 년째 해를 거룩하게 하여 그 땅에 있는 모든 주민을 위하여 자유를 공포하라 이 해는 너희에게 희년이니 너희는 각각 자기의 소유지로 돌아가며 각각 자기의 가족에게로 돌아갈지며 그 오십 년째 해는 너희의 희년이니 너희는 파종하지 말며 스스로 난 것을 거두지 말며 가꾸지 아니한 포도를 거두지 말라 이는 희년이니 너희에게 거룩함이니라 너희는 밭의 소출을 먹으리라" 레 25:10-12

안식년의 소출은 그 땅의 주인에게 돌아가지 않고, 땅을 소유하지 못한 품꾼, 그리고 함께 거하는 객과 육축과 들짐승

✓ 알아두기

레위기의 7

매 7일은 안식일
매 7년은 안식년
일곱에 7을 곱한
다음해는 희년
오순절은 유월절로부터
7주 후이다
오순절, 유월절은
7일간 계속되었다
나팔절은 7째 달에 있다
장막절은 7째 달에 있다
속죄일은 7째 달에 있다

에게 돌아갑니다. 또한 시간이 지남에 따라 커져만 가는 경제적 불평등을 50년 주기로 다시 회복시키시는 제도가 희년입니다.

> "너와 함께 있는 네 형제가 가난하게 되어 네게 몸이 팔리거든 너는 그를 종으로 부리지 말고 품꾼이나 동거인과 같이 함께 있게 하여 (   )까지 너를 섬기게 하라 그때에는 그와 그의 자녀가 함께 네게서 떠나 그의 가족과 그의 조상의 기업으로 돌아가게 하라 그들은 내가 애굽 땅에서 인도하여 낸 내 종들이니 (   )으로 팔지 말 것이라 너는 그를 엄하게 부리지 말고 네 하나님을 (   )하라"
> 레 25:39-43

희년을 통해서 모든 이스라엘은 균등하게 땅을 분배받을 수 있게 됩니다. 또한 인간을 위하여 끊임없이 소출을 내야 하는 땅이 원래 상태의 쉼을 누리고, 가난을 이유로 다른 이에게 양도할 수밖에 없었던 가옥과 토지, 자신의 몸이 원래의 상태로 되돌아가게 됩니다. 부의 편재, 특정집단에의 진입장벽, 계층의 구분과 양극화 같은, 인간 사회에서 어쩔 수 없이 생겨나는 이러한 현상들을, 일정 시간까지는 그 유동성을 받아들이면서도 50년에 한 번씩은 완전히 해체하여 원래대로 복귀시키는 것입니다. 이를 통해서 하나님께서는 사회의 약자들이 절망하거나 공동체로부터 이탈하지 않도록 하십니다.

보석찾기 ○ ● ●

레위기 23, 25장에 기록된 성경의 절기들을 적어보고, 그 절기들을 통해서 나타나는 아름다운 실천사항들을 각각 한 가지씩만 적어봅시다.

마음나누기 ○ ● ●

매년 우리에게 다가오는 명절 기간 동안 성경의 절기문화가 담고 있는 아름다운 정신과 실천사항들을 살려낼 수 있는 방법이 있다면 무엇이겠습니까? 당신이 실천할 수 있는 사항들은 무엇일지 생각해 봅시다.

기도 ○ ● ●

진정한 평안과 쉼, 약자를 위한 배려가 있는 절기 문화가 우리 민족 공동체 안에도 잘 정착되기를 소원합니다. 계절에 따라 적절하게 돌보시는 하나님의 은혜를 깊이 생각하며 공동체 안에서 하나 되는 기쁨을 맛보는 아름다운 문화가 우리 안에 세워지게 하옵소서.

나무 42

두 가지 길, 두 가지 결과

레 26장

찬양

찬송가 – 379장 · 주의 말씀 듣고서
찬　양 – 나 무엇과도 주님을 바꾸지 않으리

기도

이 시간, 말씀을 통독하는 가운데 하나님의 마음과 뜻을 깨달아 알 수 있도록 지혜를 주옵소서.

마음열기

당신이 지금까지 살아오면서 중요한 선택의 갈림길 앞에 섰을 때는 언제였습니까? 그때 또 다른 선택을 했다면 당신의 삶은 어떻게 달라져 있을까요?

함께읽기

함께 레위기 26장을 읽어봅시다.

친해지기

레위기 26장 전반부에는 하나님의 규례와 계명을 지켰을 때 받을 수 있는 상과 복, 후반부에는 규례와 계명을 어겼을 때 받게 되는 벌과 재앙이 나열되어 있습니다. 두 가지 경우 중 하나님께서 더욱 자세히 일러주신 경우는 어느 쪽이며, 그 이유는 무엇이라고 생각합니까?

이스라엘에게 행할 규례와 율례들을 주신 하나님께서 다시 한 번 이를 상기시키시며, 이스라엘이 하나님의 말씀대로 준행하며 살 때와 그렇지 않을 때 어떤 일들이 있을 것인지, 즉 이스라엘 백성들의 행동 여하에 따라 벌어질 수 있는 두 가지 미래에 대해 말씀하십니다. 그러나 안타깝게도 불순종의 경우에 대한 경고 내용은 단순한 경고에 끝나지 않고 이후 현실이 되고 맙니다. 인간을 사랑하고 복 주시는 하나님이시지만 당신의 말씀에 순종치 않고 죄를 지으면 복을 주실 수 없다는 것을 보여 주고 계십니다.

레위기 26장 3절에서 13절에 이르는 복의 내용은 구구절절이 놀랍습니다.

"또 너희 다섯이 백을 쫓고 너희 백이 만을 쫓으리니 너희 대적들이 너희 앞에서 칼에 엎드러질 것이며 내가 너희를 돌보아 너희를 번성하게 하고 너희를 창대하게 할 것이며 …… 너희는 오래 두었던 묵은 곡식을 먹다가 새 곡식으로 말미암아 묵은 곡식을 치우게 될 것이며" 레 26:8-10

그러나 이스라엘은 14절부터 시작되는 형벌의 주인공이 됩니다.

"내 규례를 멸시하며 마음에 내 법도를 싫어하여 내 모든 계

지혜창고

Love Letter / 흔히들 레위기는 지루하고, 딱딱하고, 읽으면 한없이 졸리는 책이라고만 생각한다. 그러나 레위기는 하나님의 사람 사랑 이야기가 고스란히 녹아있는 하나님의 러브레터이다. 게다가 적절한 사법감시까지도 명하시는, 좋은 시민운동 교과서이다. 전통적으로 유대인들은 어린아이들에게 '레위기'를 제일 먼저 가르쳤다고 한다.

명을 준행하지 아니하며 내 언약을 배반할진대 …… 곧 내가 너희에게 놀라운 재앙을 내려 폐병과 열병으로 눈이 어둡고 생명이 쇠약하게 할 것이요 너희가 파종한 것은 헛되리니 너희의 대적이 그것을 먹을 것임이며" 레 26:15-16

하나님께 순종할 경우에 받을 수 있는 풍성하고 놀라운 복의 말씀을 저버린 이스라엘은 불순종에 상응하는 결과를 맞게 됩니다. 그러나 하나님께서는 마지막에 말씀하십니다.

> "그들이 나를 거스른 잘못으로 자기의 죄악과 그들의 조상의 죄악을 자복하고 또 그들이 내게 대항하므로 나도 그들에게 대항하여 내가 그들을 그들의 원수들의 땅으로 끌어갔음을 깨닫고 그 할례 받지 아니한 그들의 (   )이 낮아져서 그들의 죄악의 형벌을 기쁘게 받으면 내가 야곱과 맺은 내 언약과 (   )과 맺은 내 언약을 기억하며 아브라함과 맺은 내 언약을 기억하고 그 땅을 (   )하리라" 레 26:40-42

일찍이 하나님께서 아브라함과 맺으신 계약은 하나님께서 일방적으로 아브라함과 그 자손에게 복을 주시겠다는 편무계약(片務契約), 즉 은혜의 계약이었습니다. 마찬가지로 하나님은 당신의 말씀을 청종하지 않는 이스라엘 백성을 향하여 결국 '저주'가 아닌 '은혜'의 방법을 쓰시겠다는 놀라운 선언을 하십니다. 공의의 하나님께서 인간들을 사랑하시는 그 사랑으로 말미암아 결국 예수 그리스도를 십자가에 내어놓으실 것임을 연한 밑그림으로 보여주시는 부분입니다.

보석찾기

주의 율례와 규례를 순종함으로 인간이 누릴 수 있는 축복들과 불순종함으로 인해 나타날 수밖에 없는 안타까운 결과들을 레위기 26장에서 읽고 단계별로 정리해 봅시다.

마음나누기

위의 규례들을 당신 개인의 삶에 적용해 보십시오.

기도

아름다운 주의 율례와 규례와 법도를 허락하신 하나님, 그 법을 지켰을 때 더하여 주시는 놀라운 복을 사모합니다. 주님의 법을 따르지 않는 교만과 불순종의 죄를 범하지 않도록 저희를 권고하시고, 선택의 순간마다 진리의 길로 나아갈 수 있는 믿음을 주옵소서.

나무 43

숫자로 헤아려보는 약속의 내용

민 1-4장

찬양

찬송가 – 456장 · 주와 같이 길 가는 것
찬 양 – 나의 반석이신 하나님

기도

이 시간, 말씀을 통독하는 가운데 하나님의 마음과 뜻을 깨달아 알 수 있도록 지혜를 주옵소서.

마음열기

하나님께서 약속을 신실하게 지키시는 분임을 깨닫게 되었던 경험에 대해 이야기해 봅시다.

함께읽기

함께 민수기 1장을 읽어봅시다.

친해지기

이스라엘 열두 지파의 사람 숫자를 각 지파대로 정리해 봅시다. 인구가 가장 적은 지파와 가장 많은 지파는 어느 지파입니까?

하나님께서 모세를 통해 백성들에게 명령하십니다.

"이스라엘 자손이 애굽 땅에서 나온 후 둘째 해 둘째 달 첫째 날에 여호와께서 시내 광야 회막에서 모세에게 말씀하여 이르시되 너희는 이스라엘 자손의 모든 회중 각 남자의 수를 그들의 종족과 조상의 가문에 따라 그 명수대로 계수할지니 이스라엘 중 이십 세 이상으로 싸움에 나갈 만한 모든 자를 너와 아론은 그 진영별로 계수하되 각 지파의 각 조상의 가문의 우두머리 한 사람씩을 너희와 함께하게 하라" 민 1:1-4

이스라엘 남자 중에서 전쟁에 나갈 수 있는 사람의 숫자를 세라는 명령입니다. 하나님께서는 창세기 12장에서 아브라함에게 그의 후손으로 말미암아 큰 민족을 이루시겠다고 약속하셨습니다. 이 약속은 출애굽기 1장에서 1차로 실현되었습니다. 출 1:7 이제 민수기 1장에서 하나님의 약속이 어떻게 실현되었는지 구체적인 숫자로 보게 됩니다. 20세 이상으로 전쟁에 나갈 수 있는 남자만 603,550명이 되었습니다. 민 1:46 이웃을 위한 축복의 통로가 될 만한 사람들의 수가 이렇게 많아진 것입니다.

하나님의 **계획**

책임있는 자들의 숫자 / 창세기 12장 1-3절, 출애굽기 1장 7절, 민수기 1장, 이 세 부분은 같은 의미라고 볼 수 있다. 아브라함은 '처음에' 한 사람이었는데, 그 수가 늘어나고 있다. 창세기까지는 개인이었으나, 출애굽기에서 집단이 되고 민족이 되었다. 이웃을 위한 축복의 통로가 될 만한 사람들의 수, 책임을 질 만한 사람들의 수가 이렇게 많아진 것이다.

민수기 2장에서는 이 계수된 숫자를 기반으로 하여, 전쟁을 치를 수 있는 각 지파별 진영을 갖춥니다. 유나, 잇사갈, 스불론 지파가 1대대로 동쪽에 섭니다. 그리고 르우벤, 시므

온, 갓 지파가 2대대가 되어 남쪽에 위치합니다. 셋째로 에브라임, 므낫세, 베냐민 지파가 서쪽에, 그리고 단, 아셀, 납달리 지파가 북쪽에 위치하게 됩니다. 이로써 이스라엘은 조직화된 군대를 가지게 된 것입니다. 그런데 중요한 것은 이렇게 동서남북으로 둘러선 지파들 중앙에 레위 지파와 함께 회막이 놓인다는 것입니다. 이것이 이스라엘의 진영이 다른 여타 민족의 진영과 구별되는 차이점입니다. 이스라엘의 진영은 그 중심에 하나님을 모시고 있는 것입니다.

리더십

진영구축 / 진영을 짠다는 것은 각계전투가 아니라, 팀웍을 한다는 것이다.

알아두기

이스라엘의 진 배치(사람수)

진영을 갖추는 또 한편의 이유로는 '약자보호'를 들 수 있습니다. 진영을 잘 갖추지 않으면, 앞으로 진행해 갈수록 약자들이 자꾸 뒤로 처져서 맨 뒤로 갈 수밖에 없습니다. 계속 그런 식으로 가나안까지 갈 수는 없습니다. 그러므로 이스라엘 민족이 동서남북으로 진영을 갖춘 데에는 효과적으로 진군하겠다는 의도 외에도, 어디서 공격이 들어와도 방어할 수 있는 진지를 구축한다는 의미, 그리고 더불어 함께 갈 수 있는 구조를 갖추었다는 의미가 담겨 있습니다.

알아두기

계수

싸움에 나갈 만한 20세 이상의 남자	603,550명
1개월 이상 된 레위 지파 남자	22,000명
레위 지파를 제외한 12지파의 장자	22,273명
레위 지파 중 30-50세의 남자	8,580명

12지파의 20세 이상의 남자들을 다 계수하였더니 603,550명이었습니다. 그들 중에서 1개월 이상 된 장자가 22,273명입니다.[민 3:43] 그런데 1개월 이상 된 레위 지파 남자들의 수가 22,000명입니다.[민 3:39] 조사해놓고 보니 숫자가 비슷했습니다. 우연이 아니라, 조사 이전에 하나님의 경영하심이 있었

던 것입니다.

출애굽 사건을 기억해 보면, 마지막 재앙 때 죽음의 사자가 애굽뿐 아니라 고센까지 휩쓸고 지나갔습니다. 그때 하나님의 말씀에 따라 양의 피를 문설주에 발랐던 모든 이스라엘 자손들 가정의 장자는 생명을 건질 수 있었습니다. 그래서 하나님께서는 "보라 내가 이스라엘 자손 중에서 레위인을 택하여 이스라엘 자손 중에 태를 열어 태어난 모든 자를 대신하게 하였은즉 레위인은 내 것이라"민 3:12라고 말씀하십니다. '비록 너희가 순종을 해서 장자가 살긴 했지만, 그 장자 대신 레위인을 선택하겠다' 라고 말씀하시는 것입니다. 그래서 레위 지파는 12지파의 장자들을 대신한 그룹이 되었습니다. 레위 지파는 장자가 동생들에게 선한 영향력을 끼치듯, 하나님의 율례와 규례와 법도를 열심히 가르쳐야 하는 책임을 맡습니다. 그래서 레위인을 먹여 살리는 것은 자기 집안의 장자들을 먹여 살리는 것이기에, 다른 지파들이 레위 지파의 생계를 책임지도록 하신 것입니다.

이처럼 민족 전체를 12와 1로 나누고, 20세 이상과 1개월 이상으로 구분하는 것에는 정확하게 책임을 맡기시려는 하나님의 뜻이 담겨 있습니다. 이러한 정돈이 잘 안 되면, 공동체가 곧 무너지게 되지요. 하나님께서는 12지파 장자들의 수보다 레위인의 수가 좀 모자라니, 각 지파에서 그걸 속전으로 채우라고도 하십니다.민 3:46-48 정확하신 하나님이십니다.

▶ 리더십

한계설정 / 고핫, 게르손, 므라리에게 각각의 임무를 따로 맡기신다. '선을 넘지 말라'는 것이다. 고핫 자손은 법궤를 어깨에 메는 일, 게르손 자손들은 가까운 기명을 나르는 일, 므라리 자손들은 수레에 드는 일을 따로 맡았다. 그런데 이후 이들 중 일부가 이 일을 짜증내고, 아론의 역할을 탐내다가 죽임을 당한다(민 16장).

민수기 4장에서는 레위 지파 안에서의 책임을 조목조목 구분합니다. 하나님께서는 열방 중에서 이스라엘을 택하시고, 그 중에서 레위 지파를 택하시고, 레위 지파를 고핫, 므라리, 게르손으로 나누고, 또 그 중에서 아론의 자손을 구별하십니다. 그만큼 구체적으로 그들을 구별하시는데, 그만큼 책임 범위가 확실해지는 것입니다. 그만큼 정확한 책임이 주어지는 것이지요.

다른 지파들은 20세 이상과 이하로 나누었습니다. 그런데 레위인은 1개월 이상 남자를 구별하고, 그 남자들 중에서 30세 이상 50세 이하를 또 구별합니다.민 4:3, 23, 30 상당히 구체적입니다. 회막에 입참해서 봉사할 기간을 딱 20년으로 지정한 것입니다. 인생의 황금기를 하나님께 드리라는 것이지요. 다른 지파 남자들은 20살이면 성인으로서 민족을 위해 일할 수 있습니다. 그런데 레위인들은 20살에서 10년을 더 준비해야 봉사할 수 있습니다. 태어난 지 1개월만 되면 계수가 되고, 그 뒤로 30년을 준비해야 일할 수 있는 것입니다. 그만큼 하나님 앞에서 철저히 준비되어 쓰임 받아야 할 자리에 레위인들이 있었습니다.

> "모세와 아론과 이스라엘 지휘관들이 레위인을 그 종족과 조상의 가문에 따라 다 (   )하니 삼십 세부터 (   ) 세까지 회막 봉사와 메는 일에 참여하여 일할 만한 모든 자 곧 그 계수된 자는 팔천오백팔십 명이라 그들이 할 일과 짐을 메는 일을 따라 (   )에게 계수되었으되 여호와께서 모세에게 명령하신 대로 그들이 계수되었더라"민 4:46-49

보석찾기 ○ ● ●

이스라엘 지파의 배치와 인명수를 민수기 1-2장을 참고해 표나 그림으로 그려봅시다.

마음나누기 ○ ● ●

"주 예수를 믿으라 그리하면 너와 네 집이 구원을 받으리라" 행 16:31라고 약속하셨습니다. 이 약속에 함께할 수 있는 당신의 가족과 친지들의 이름을 적어보십시오.

기도 ○ ● ●

시대가 아무리 흘러도 퇴색되지 않는 하나님의 계획과 약속이 결국 완전한 현실로 성취되는 것을 성경을 통해 확인시켜 주시니 감사합니다. 신실하신 하나님의 그 약속과 사랑이 오늘 저의 삶과 우리 공동체 안에도 함께하심을 믿습니다. 주님의 약속을 굳게 붙들고 담대히 나아가는 믿음의 사람, 믿음의 가문, 믿음의 민족 되게 하옵소서.

나무 44

구별과 헌신

민 5-8장

찬양

찬송가 – 381장 · 충성하라 죽도록
찬　양 – 나 주님의 기쁨 되기 원하네

기도

이 시간, 말씀을 통독하는 가운데 하나님의 마음과 뜻을 깨달아 알 수 있도록 지혜를 주옵소서.

마음열기

공동체의 특별한 목표를 위해 당신의 소중한 것을 내어 놓아 본 적이 있습니까?

함께읽기

함께 민수기 6장을 읽어봅시다.

친해지기

나실인은 레위 지파가 아닌 다른 지파 사람이 스스로 서원하여 자기 몸을 하나님께 드리는 것입니다. 나실인의 법을 허락하신 하나님의 마음과 이유를 헤아려 봅시다.

이스라엘의 군대 숫자와 레위인들의 숫자를 계수하고 회막 중심의 진영을 갖춘 후, 하나님께서는 이스라엘 공동체 내부를 정결하게 하는 작업을 시작하십니다. 민 5장

"여호와께서 모세에게 말씀하여 이르시되 이스라엘 자손에게 명령하여 모든 나병 환자와 유출증이 있는 자와 주검으로 부정하게 된 자를 다 진영 밖으로 내보내되 남녀를 막론하고 다 진영 밖으로 내보내어 그들이 진영을 더럽히게 하지 말라 내가 그 진영 가운데에 거하느니라 하시매" 민 5:1-3

완벽한 진을 형성한 이들은 여타 민족의 군대와는 다른 하나님의 군대이기에, 공동체 내의 거룩이 지켜지지 않는다면, 약속의 땅을 향하여 한 걸음도 나아갈 수 없습니다.

곧이어 민수기 6장에서 나오는 나실인법은 레위 지파 자손들을 제외한 나머지 열두 지파 자손들에게 열려 있는 법입니다.

"이스라엘 자손에게 전하여 그들에게 이르라 남자나 여자가 특별한 서원 곧 나실인의 서원을 하고 자기 몸을 구별하여 여호와께 드리려고 하면 포도주와 독주를 멀리하며 포도주로 된 초나 독주로 된 초를 마시지 말며 포도즙도 마시지 말며 생포도나 건포도도 먹지 말지니" 민 6:2-3

αΩ 원어해설

나지르 נָזִיר : 나실인 / '성별한다'는 뜻. 스스로 서원하거나 출생하면서부터 또는 부모가 서원하여 나실인이 된다. 나실인으로 서약한 사람은 자기 몸을 구별할 것과 포도나무 소산 및 독주를 금할 것, 머리를 깎지 말 것, 시체를 가까이 하여 몸을 더럽히지 말 것 등의 규정을 지켜야 했다. 나실인의 서원은 기본적으로 30일간, 60일간, 100일간이 있으나, 평생을 나실인으로 지낸 삼손이나 세례 요한 같은 이들도 있다.

"자기의 몸을 (   )하는 (   ) 날 동안 그는 여호와께 (   )한 자니라" 민 6:8

☑ 알아두기

나실인 법 / 나실인 법(민 6장)은 자신의 선택으로, 다시 말해 자원함으로 하나님을 섬기는 제도이다. 자신이 시간을 정한다. 남자든 여자든 상관없다. 그리고 그 시간만큼은 철저하게 하나님만을 섬기는 것이다. 이것은 자발성에 그 기초를 두고 있으며 레위 지파 외의 다른 지파들이 하나님께 헌신할 수 있는 통로를 열어 놓는 규정이었다.

이것은 하나님의 선택이 아닌 자원성에 그 기초를 두고 있으며 다른 지파들이 하나님께 헌신할 수 있는 통로를 열어 놓는 규정입니다. 이것을 통해서 다른 지파 자손들은 남녀의 구분 없이 특별한 서원을 할 수 있었던 것입니다.

정결작업을 마치고 진 편성에 따라 성막이 세워집니다. 모든 진영이 갖추어진 후 거룩히 구별한 날이 이르자, 12지파의 각 족장들이 하나님께 봉헌 예물을 드리러 나옵니다. 각 지파의 대표들이 똑같이 드리는 이 예물은 이스라엘 백성이 자신의 예물을 드리는 첫 시작점이 됩니다.

"모세가 장막 세우기를 끝내고 그것에 기름을 발라 거룩히 구별하고 또 그 모든 기구와 제단과 그 모든 기물에 기름을 발라 거룩히 구별한 날에 이스라엘 지휘관들 곧 그들의 조상의 가문의 우두머리들이요 그 지파의 지휘관으로서 그 계수함을 받은 자의 감독된 자들이 헌물을 드렸으니" 민 7:1-2

곧이어 민수기 8장에서는 하나님의 소유인 물질뿐 아니라, 사람이 드려집니다. 민 8:11 레위인을 여호와 하나님께 드리는 것입니다. 레위인들은 성막에서 제사장들을 돕는 일을 맡게 됩니다.

보석찾기 ○ ● ●

나실인으로 일정 기간 헌신하기로 결심한 이들이 지켜야 할 규례들[민 6:2-12]에 대해 정리해 봅시다.

마음나누기 ○ ● ●

1년 52주 중 한 주라도 당신의 삶의 시간대를 따로 구별하여 드릴 수 있습니다. 그런 기회가 주어진다면 어떤 일에 집중하고 싶습니까?

기도 ○ ● ●

구별된 이들의 헌신을 바라시는 하나님, 연약한 인생들을 향하여 기대하시고 다시 기대하시는 하나님의 은혜가 참으로 놀랍습니다. 하나님을 향해 우리의 모든 마음과 시간, 물질, 재능을 아낌없이 드릴 수 있는 삶을 살기 원합니다. 주님의 부르심에 겸손히 순종하게 하옵소서.

나무 45

출발을 위한 최종 준비

민 9장-10:10

찬양

찬송가 – 385장 · 군기를 손에 높이 들고
찬　양 – 주님 말씀하시면

기도

이 시간, 말씀을 통독하는 가운데 하나님의 마음과 뜻을 깨달아 알 수 있도록 지혜를 주옵소서.

마음열기

당신은 오랜 준비 끝에 무엇인가 시작하기 위한 출발선에 섰을 때, 그때의 떨림과 설렘을 경험해 본 적 있습니까?

함께읽기

함께 민수기 9장을 읽어봅시다.

친해지기

첫 번째 유월절 사건을 기억하고 계십니까? 그때로부터 정확히 1년이 흘렀습니다. 지난 1년 동안 있었던 사건들 중 기억나는 것들을 시간 순서대로 한번 적어봅시다.

말씀의 숲길로 ○●●

"애굽 땅에서 나온 다음 해 첫째 달에 여호와께서 시내 광야에서 모세에게 말씀하여 이르시되 이스라엘 자손에게 유월절을 그 정한 기일에 지키게 하라" 민 9:1-2

출애굽한 지 정확히 1년이 지났습니다. 이스라엘 백성들이 지난 세월을 추억하며 두 번째 유월절을 지키고 있습니다. 지난 1년 동안 그들에게는 놀라운 일들이 있었습니다. 성막이 지어졌고, 그 위에 하나님의 영광이 임하는 것을 경험하였습니다. 하나님의 거룩한 백성으로 살아가는 데 꼭 필요한 규례도 제정 받았습니다. 그들은 이 두 번째 유월절을 지키면서 하나님께서 그들을 얼마나 사랑하고 계시는지 깨달아 알게 되었을 것입니다.

지금 이스라엘 백성들은 1년간 시내 산에서 머문 후, 새 출발을 앞두고 있습니다. 이 출발을 위해서 1년을 준비했습니다. 이스라엘 백성들의 마음은 때때로 조급했을 것입니다. 하루라도 빨리 출발해서 가나안에 정착하고 그 땅에서 농사지으며 살고 싶은 마음이 있었을 것입니다. 그런데 여기에서 출발하기 위해서는 1년의 밀도 있는 준비기간이 필요했습니다.

짧은 기간에도 불구하고 이 정도의 준비 완료를 끝냈다는 사실은 놀라운 일입니다. 참으로 탁월한 모세의 지도력이 더해졌던 이유이며, 근본적으로는 하나님께서 그들에게 놀라운 은혜를 베푸신 결과였다고 말할 수 있습니다.

드디어 제 이년 이월 이십일, 시내 산을 떠날 시간이 되었습니다. 1년 동안의 내적 · 외적 정비작업이 모두 끝났습니다. 하나님께서 1년 동안 하신 일은 이스라엘 백성들의 가슴을 데우는 것이었습니다. 하나님의 계획을 이루기 위해서는 그들이 하나님의 꿈을 함께 품어야 했기 때문입니다. 이제 이스라엘 진영에 행진의 나팔을 울려 불도록 명하십니다.

> "여호와께서 모세에게 말씀하여 이르시되 은 (   ) 둘을 만들되 두들겨 만들어서 그것으로 회중을 소집하며 진영을 출발하게 할 것이라 나팔 두 개를 불 때에는 온 회중이 회막 문 앞에 모여서 네게로 나아올 것이요 하나만 불 때에는 이스라엘의 천부장 된 지휘관들이 모여서 네게로 나아올 것이며 너희가 그것을 크게 불 때에는 (   ) 진영들이 행진할 것이며 두 번째로 크게 불 때에는 남쪽 진영들이 행진할 것이라 떠나려 할 때에는 나팔 소리를 크게 불 것이며 또 회중을 모을 때에도 나팔을 불 것이나 소리를 크게 내지 말며 그 나팔은 아론의 자손인 (   )들이 불지니 이는 너희 대대에 영원한 율례니라" 민 10:1-8

1년 동안 시내 산에서 머물던 이스라엘 백성들이 이제 길을 떠납니다. 목적지는 하나님께서 약속하신 가나안 땅입니다. 한 걸음 한 걸음을 내딛는 그들의 발자국에 1년 전 시내 산에 처음 도착할 때와는 다른 모습을 바라시는 하나님의 기대에 찬 시선이 느껴집니다.

보석찾기 ○ ● ●

가나안을 향한 이스라엘 군대의 행군에 나타난 독특한 진행 방식은 무엇인지 민수기 9장 17-23절을 참고하여 적어봅시다.

마음나누기 ○ ● ●

당신은 어떤 중요한 일을 위해 오랫동안 열심히 준비해 본 기억이 있습니까? 혹은 지금 준비하고 있는 일이 있다면 무엇인지 이야기해 봅시다.

기도 ○ ● ●

정말 멋진 출발을 하기 위해서는 훈련받고 준비하는 기간이 꼭 필요하다는 사실을 깨달았습니다. 그러한 준비 기간에 함께하신 하나님께서 또한 그 출발의 발걸음에도 큰 돌보심의 손길을 베푸심을 보았습니다. 저 또한 주님께서 주신 사명을 위해 잘 준비하게 하시고, 또 담대히 출발선에 설 수 있도록 도와주소서.

성경통독원

BibleTongdokWon

숲과나무 성경통독은
하나님의 마음을 따라
성경 66권 전체를 읽어가는 것입니다.

숲과나무 성경통독은
성경의 숲과 나무를 살펴
성경 66권 모두를 하나님의 말씀으로 받아들이는 것입니다.

숲과나무 성경통독은
세계 역사를 경영하시는 하나님의 손길을 확신하며
성경 역사의 흐름에 따라 체계적으로 성경의 숲을 보는 것입니다.

성경통독원은
올바른 성경통독 방법의 보급과 확산을 위해
이 시대 교회, 세계의 그리스도인들과 함께하고 있습니다.